FRAGMENT
D'UN RÉPERTOIRE
DE
JURISPRUDENCE PARISIENNE
AU XVe SIÈCLE

PUBLIÉ PAR

G. FAGNIEZ

PARIS
1891

FRAGMENT D'UN RÉPERTOIRE

DE

JURISPRUDENCE PARISIENNE

AU XVe SIÈCLE

Extrait des *Mémoires de la Société de l'Histoire de Paris et de l'Ile-de-France*, t. XVII (1890).

FRAGMENT

D'UN RÉPERTOIRE

DE

JURISPRUDENCE PARISIENNE

AU XVe SIÈCLE

PUBLIÉ PAR

G. FAGNIEZ

PARIS
1891

FRAGMENT D'UN RÉPERTOIRE

DE

JURISPRUDENCE PARISIENNE

AU XVe SIÈCLE.

Il y a bien longtemps que notre attention a été attirée sur une série de registres qui, dans le naufrage encore inexpliqué des archives du Châtelet, forment une épave aussi intéressante que peu connue. En recueillant dans les registres d'audience de cette juridiction des documents sur la classe industrielle qui en dépendait, nous fûmes frappé du parti qu'on pouvait également en tirer pour l'histoire du droit parisien et nous ne pûmes résister à la tentation d'en extraire les décisions qui nous parurent les plus propres à éclairer cette histoire. C'est une partie de ces décisions qui constitue le noyau du recueil qui suit. Le moment est peut-être propice pour que des documents comme ceux que nous publions trouvent, auprès du public spécial auquel ils s'adressent, toute la faveur qui leur est due. D'une part, l'histoire du droit français vient d'être débrouillée et fixée dans ses grandes lignes par un précis[1] qui réussit à être complet sans cesser d'être clair, qui, en révélant la connaissance approfondie du détail, reste fidèle au parti pris de ne pas y sacrifier l'ensemble; de l'autre, si l'on en juge par les nombreuses publications de recueils de jurisprudence qui se sont succédé depuis un certain temps, on se rend mieux compte que c'est dans les arrêts et les décisions des juridictions des divers degrés qu'il faut chercher le droit réel et vivant plus encore que dans les ouvrages des jurisconsultes, préoccupés sou-

---

1. P. Viollet, *Précis de l'histoire du droit français* (Paris, 1886, in-8°).

vent de concilier les contradictions, de réformer la routine de la pratique de leur temps. A côté de la collection des arrêts du Parlement de Paris, dont l'immensité est de nature à décourager ceux qui voudraient se faire les continuateurs de l'œuvre des Delisle et des Boutaric[1] et qui, à ne l'envisager même qu'au point de vue juridique, présente, par l'étendue de son ressort et le caractère souverain de ses décisions, un intérêt hors ligne, nous avons voulu signaler l'importance de l'une des sources capitales de la jurisprudence parisienne, d'où est sortie, à son tour, cette coutume de Paris qui s'est propagée bien au delà de son domaine naturel. Le titre que nous avons choisi dit assez que nous avons le juste sentiment de l'insuffisance de notre travail; si, tel qu'il est, il était pourtant bien accueilli par ceux qui font de notre ancien droit l'objet spécial de leur étude, nous verrions là un encouragement à le compléter et à entreprendre la reconstitution des premiers registres, aujourd'hui perdus, du greffe civil du Châtelet.

Absence.

L'absence est établie par une enquête qui est faite par un examinateur au Châtelet (1, 2, 3, 4). En cas d'absence du mari ou du père, la femme ou la fille est autorisée par le juge à ester en justice (1, 3, 4). Les curateurs commis par justice à l'administration des biens de l'absent sont ses plus proches héritiers (2).

1. — A la requeste de Jehannete La Roussele, femme de Jehan Doussalé, disant que elle avoit et a certainnes actions et poursuites à experir et intenter à l'encontre de plusieurs personnes pour raison de son propre heritage, ce que elle ne peut faire, obstant l'absence de (blanc), son mari, se par justice elle n'estoit auctorisée à ce faire, nous, à sa requeste, avons commis nostre amé maistre Jehan de Fontenay, examinateur à soy informer de l'absence de son dit mary et de quel temps, et avons renvoié, etc., pour pourveoir à lad. Roussele, selon le cas. — 11 février

1. *Restitution d'un volume des Olim.* — *Actes du parlement de Paris.*

1396 (n. s.). (Reg. d'audience du Châtelet; Arch. nat., Y 5220, fol. 120 v°.)

2. — Après que, par informacion faicte par nostre amé maistre Jehan de Fontenay, examinateur à ce commis de nous, à nous rapportée de bouche par ycellui commis, nous est apparu que un nommé Jehan le Prieur, peletier, dès le jour de l'an dernier passé ou environ, s'est absenté et departi de Paris, senz ce que depuis l'en ait oyt aucunes nouvelles de lui, delesséz son hostel et aucuns biens à lui appartenans senz garde et gouvernement, et oultre que Jacob de Mareul et sa femme, à cause d'elle et Oudinet de Mirecourt sont cousine germaine dudit absent et les plus proches et habiles à lui succéder, nous à yceus biens et pour la garde et gouvernement d'iceux avons donné curateurs les dessuz nomméz Jacquot de Mareul et Oudinet de Mirecourt qui ont fait le serement. — 15 novembre 1398. (Y 5221, fol. 14 v°.)

3. — Veue certaine information faicte de nostre commandement par nostre amé maistre Jean de Bar, examinateur, à la requeste de Margot, femme de Estienne Tixier, disant que son dit mari, passéz sont VI ans, s'est absenté de Paris elle ne scet où, et que de présent lui sont escheuz autre heritaige à lui escheuz par la succession d'aucuns ses parens, contre lesquelz elle ne peut intenter ses accions ne demener ses droiz senz auctorisacion de justice, par la quele informacion nous est apparu ledit Tixier, mari d'icelle Margot, soy estre absenté de Paris passéz sont VI ans, ce consideré, nous avons auctorisé et auctorisons ycelle Margot à user de ses droiz, intenter toutes manieres d'actions contre ceulx que bon lui semblera *quousque*. — 7 décembre 1398. (Y 5221, fol. 32.)

4. — Après la requeste à nous faicte par Jehannete de La Clergerie, fille de Estienne de La Clergerie et de feu Jaqueline, jadiz sa femme, disant que elle avoit certaines accions et poursuites à faire....., à quoy elle ne puet proceder, obstant ce qu'elle est encore en puissance de sond. pere, qu'elle disoit estre absent de ce royaume, suppliant à elle estre pourveu, et après ce que par la déposicion de....., oncle d'icelle....., son cousin germain....., son serourge....., son frere..... deuement nous est apparu de l'absence dud. Estienne et que ce est tout notoire, attendu aussy que lad. J. est aagée de vint ans ou environ, nous ycelle avons auctorisée..... pour pourchasser, requerir, poursuir, demener et defendre ses droiz, causes, quereles, etc..... — 17 mai 1399. (Y 5222, fol. 9 v°.)

Administration municipale.

5. — A la requeste de Jehan Jamin et Symon Bezon, Henry de Laistre, Colin du Martroy et Guillaume Larreau, jurés de la ville de Vitry, disans que du gouvernement qu'ilz ont eu du gouvernement (*sic*) de la dicte ville ilz veulent estre deschargéz, nous avons commis nostre amé Haye à oir le compte que ilz entendent fere et rendre du gouvernement et administracion qu'ilz ont eu du fait de la dicte ville et pour nous rapporter. — 7 janvier 1399 (n. s.). (Y 6221, fol. 66.)

Amortissement.

6. — Du consentement de Pierre de Grey, procureur des religieus, prieur et couvent de Saint Éloy de Paris, qui pieça avoient et ont fait prendre et mectre en leur main par deffault d'amortissement six livres parisis de rente constituées et que les maistres de la confrarie de Saint Éloy à Paris avoient lors droit de prendre par an sur l'ostel et estuves assises en la Cité de Paris devant la chappelle Saint Michiel, lesqueles yceus maistres ont depuis ce baillées et transportées à Rogier de la Posterne, changeur et bourgeois de Paris, à titre d'eschange pour et à l'encontre de autres six livres de rente que il leur a assis et assigné sur un hostel et loage appartenant à ycellui Rogier, assis à Paris en la rue Jehan Lourtier, tenant d'une part à Oudart du Martroy et d'autre part à Jehan Beleuse, aboutissant pardevant aud. Rogier, et après ce que ycellui Rogier a affermé et decleré sad. maison et loage estre assis en la terre, censive et seigneurie de mons[r] l'évesque de Paris, combien que il n'en soit faicte aucune mencion es lettres dud. eschange et aussy que lesd. transport, eschange et permutacion estoient et avoient esté faiz senz freude, but à but, sens soltes, nous l'arrest, empeschement et mainmise en et sur les d. six livres de rente et sur les arrerages deubz et escheuz à cause d'icelle, depuis lesd. eschange et transport, avons levéz et ostéz, et ycelles six libvres de rente et arrerages avons mis à plaine delivrance aud. R. sans prejudice des accions et poursuite que lesd. religieus dient avoir sur les arrerages escheuz à cause d'icelles, par avant lad. main mise, ausquelz ycellui R. ne met aucun empeschement, si comme il l'a decleré en nostre presence. — 9 janvier 1399 (n. s.). (Y 5221, fol. 69.)

Auditeurs du Châtelet. Voyez aussi **Lieutenant criminel.**

7. — xvij[e] jour de fevrier, furent assembléz comme dessus les presidens et conseillers des trois chambres de Parlement pour avoir advis et deliberacion sur la provision qui estoit à faire ou fait dez officiers et praticiens de Chastelet..... Ce jour, maistre Pierre Maubour, auditeur de Chastellet, interrogué par la court, a dit qu'il lui semble qu'il seroit expedient que lez auditeurs dud. Chastelet commencent à séoir ainsi tost l'un que l'autre, à dix heures jusques à vij et que, quant une cause sera commencée devant ung auditeur, qu'elle y soit continuée et finie sans aler devant l'autre auditeur et que les procureurs par eulx et non mie par leurs clers y délivrent lez causes. — 1425 (n. s.). (Conseil du Parl., X[1a] 1480, fol. 316.)

8. — Ce jour, maistres Pierre Maubour et Nicolas Boulart, auditeurs ou Chastellet de Paris, sont venuz en la chambre de Parlement au mandement de la court pour respondre sur les plaintes faictes contre yceulz auditeurs à l'occasion dez longs et grans procès et excessifz despens fais pardevant eulx et des excessivez taxacions par eulx faictez, dont ilz ont esté fort repris et blasméz par la court et leur a esté enjoint que desormais ilz y advertissent sur l'abreviacion des procez et diminucion des despens sur peine de lez recouvrer sur eulz ou de autrement en estre puniz. — 8 février 1427 (n. s.). (Conseil, X[1a] 1480, fol. 366 v°.)

Avocats au Châtelet.

Leur réception (9). Ils faisaient des actes de procédure et avaient une action pour le paiement de leurs honoraires (10, 12). Autorité du tribunal sur l'avocat (11).

9. — Au jour d'ui de relevée, par maistres Martin Double, G. Rabigoiz et J. Deduit, advocaz en la court de ceens, nous a esté tesmoigné et affermé par serment que maistre Guillaume de Canoble, licencié en loys, qui requiert estre advocat ceens, est un bon licencié, bon clerc, bien né et digne de estre receu oud. estat de advocat. Et le lendemain il fist le serment acoustumé. — 1399. (Y 5222, fol. 152 v°.)

10. — De l'acort de Guillaume Lourmoy, ou nom et comme procureur de Agnès La Maçonne, nous ycelle avons condempné et condempnons envers maistre Michiel Marchant, advocat, etc., en la somme de six couronnes de xviij s. p. la pièce, pour son salaire d'avoir fait certaines escriptures pour elle en certaine cause pendante par devant nous entre lad. Agnès d'une part et Jehanne Lescripvaine d'autre. — Mardi 2 mai 1396. (Y 5220, fol. 194 v°.)

11. — Au jour d'hui maistre Jehan Moreau, soy disant licencié en loys et en décret, et advocat en court laye, a appellé en Parlement de ce que il disoit qu'il y a lviij jours passéz que il est venus par deça et qu'il a esté prisonnier, eslargi à la requeste de Pierre de Braban, geolier du Chastellet, et neantmoins ne lui voulions, si comme il disoit, donner audience, et le faisions metre hors du parquet de nostre auditoire, combien que la verité soit que en lad. cause il autresfoiz a esté oy au long, maiz, pour la desordenée maniere qu'il avoit et a aujourdui eue en parler et autrement en nostre presence, voire est que nous deismes que l'en le meist hors de nostre parquet. — 26 janvier 1397 (n. s.). (Y 5220, fol. 108 v°.)

12. — De l'accord de Jehan Gaiant, procureur de Colin Gosselin, nous ycelui Colin avons condempné et condempnons envers honorable homme et sage maistre Yves de Caerembert, advocat où Chastellet, en la somme de iiij libvres tournois pour son salere deserviz à avoir fet et ordené pour ycelui Gosselin deux paires d'escriptures, les unes contre Cassine Valée et les autres contre les exécuteurs feu Jehan Valée. Fait present ledit advocat en persone. — 3 février 1399 (n. s.). (Y 5221, fol. 93.)

13. — Au jour d'ui maistre Martin Double a renoncé à la pension d'Etienne de la Clergerye, qui pieçà l'avoit retenu de son conseil pour certain pris, disant que comme pensionnaire il ne se entendoit plus entremectre des besoignes dudit Estienne, requérant de ce avoir acte. — 9 janvier 1399 (n. s.). (Y 5221, fol. 68 v°.)

14. — Au jour d'uy, pour les debas et altercacions qui estoient en nostre auditoire pour raison des audiences que chascun renc des advocas de nostre auditoire disoit avoir à ce present jour plaidoiable apres Pasques, nous, à ce que doresenavant ne soit altercacion entre eulx pour raison desd. audiences, avons ordené... que doresenavant le renc dez avocas du Roy aura audience le premier jour plaidoiable après vacacions de vendenges, l'autre renc aura audience tousjours le premier jour plaidoiable aprez Quasimodo et, pour ce que en nostre audience a plusieurs festes et foiriez comme de Penthecouste et de Noel, nous ordenons que l'audience se commencera (?) là ou et ou renc où avant lesd. festes ou foiriez elle aura esté laissée. — 1399. (Y 5221, fol. 157.)

Avocats du roi au Châtelet.

15. — Ce jour la court a commis me Guill. de la Haye, licencié en lois, à exercer l'office de advocat du Roy en Chastellet jusques à ce que par le Roy ou la court en soit autrement ordené et par maniere de provision seulement. — 20 janv. 1425 (n. s.). (Reg. du Parl., Conseil, X1a 1480, fol. 314 vo.)

Bacheliers maçons et charpentiers.

Les rapports des maçons et charpentiers jurés, c'est-à-dire des experts assermentés commis par le tribunal, pouvaient être réformés par les bacheliers maçons et charpentiers.

16. — Au jour d'ui Herbin Flobert..., comme procureur de Wateron de la Croix et sa femme, en la presence de Loisel, procureur de Robin Warnier, a demandé l'amendement dez bacheliers maçons et charpentiers d'un rapport dez juréz qui a esté fait sur le partage d'une maison assise en la grant rue S.-Denis, en la quele led. W., à cause de sa femme, prétend avoir le quint, et, pour mener lesd. bacheliers sur le lieu, avons commis nostre amé me Denis Nicolas, examinateur. — 21 avril 1407. (Y 5226.)

Banlieue de Paris.

17. — C'est la déclaration des villes qui sont de la banlieue ancienne de Paris[1], lesquelles villes Robert Lomien, clerc de la marchandise de laine en lad. ville de P. et commis à recevoir la tierce partie des aydes ayants cours en cette ville et banlieue ancienne de P. pour le roy n. d. seigneur, a baillé par declaration dou compte rendu pour un an finy le dernier jour de septembre l'an 1413. C'est à scavoir : Vaugérard, Issy, Vannes, Baigneux, S.-Eberault (*sic*)[2], le Bourg-la-Royne jusques au pont de Chastillon, Ivry-sur-Seine, Vitry jusques à la fontaine du Socq, Ville-Juifve, Arcueil, Gentilly, Montrouge, la Ville-l'Evesque, Chaillot, Auteuil, Mesnues[3] et Boulongne-la-petite, Villers-la-

---

1. Cette liste des localités de la banlieue de Paris concorde entièrement avec celle donnée par l'abbé Lebeuf (éd. Cocheris, IV, 65), ce qui n'a rien d'étonnant, puisque cette dernière appartient à la même époque (1415).

2. *Lisez* : Saint-Erblant.

3. Le premier groupe d'habitations, construites aux dépens de la forêt de Rouvray au bois de Boulogne, s'appela Menus-lès-Saint-Cloud. (Lebeuf, IV, 76.)

Garennes, St-Ouin-lez-St-Denis, Montmarthe, La Chapelle-St-Denis, La Villette-St-André[1], Pentin, les hostes St-Merry et Pointronville, Aubervilliers, Romainville, le Pont Charenton jusques au ruisseau près du heaulme, Bagnollet, Charonne, la ville St-Denis jusques au greil. Et pour sçavoir la vérité sur ce que dit est, mesmement si toutes lesd. villes sont de la banlieue par l'ordonnance et commandement à moy fait de bouche, P. Colet, grand clerc et notaire du Roy n. s. au Chastelet de Paris, ont aujourd'huy esté ouys et examinéz Jean Luquet, eagé de soixante ans, Jean Gasteau l'aisné, agé de cinquante huit ans, Macé Durant, agé de quarante neuf ans, Laurens Gallopin, de quarente cinq ans, Thibaud de Nantien, agé de trente six ans, Robert le Breton, de quarente ans, et Jean Piédevache, de trente ans, tous demeurans à Paris et sergents à verge du Roy n. d. seigneur au Chastelet de Paris, tous lesquels dirent et deposerent par leurs serments que toutes les villes cy dessus declarées estoient et sont assises et situées en lad. banlieue ancienne de P. et qu'eux et leurs compagnons, sergents à verge[2], y ont de tout temps exploité, fait adjournements et autres exploits qu'à office de sergent appartient et font chacun jour toutes et quantes fois que requis en sont. Témoin mon sein manuel cy mis, le 10e jour de juillet l'an 1415. Ainsi signé : P. Colet. — (Mémorial de la Chambre des comptes, P 2298, fol. 387.)

Basse justice.

Le bas justicier ne pouvait garder ses prisonniers plus d'un jour et d'une nuit.

18. — En la presence du procureur substitut du procureur du Roy, à la requeste du quel le temporel dez religieux, prieur et couvent de Long-Pont avoit et a esté prinz et mis en la main du Roy, pour ce que ilz, qui n'ont que basse justice, avoient et ont detenu prisonnier en leurs prisons Guillaume Lanier oultre jour et nuit..... — 28 juin 1401. (Y 5223, fol. 23.)

Bigamie.

19. — Jehan Tayniere, laboureur, demourant partout.

Loyse Langere, [lingere?], femme dud. Jehan T., demourant à

---

1. *Sic. Lisez* : Saint-Ladre.

2. « Et en lad. banlieue les sergens à verge du d. Chastellet font les ajournemens de bouche et sans commission..... » (*Grand Coutumier*, p. 37.)

Yencourt, amenéz prisonniers..., lesd. Jehan T., à la requeste de lad. Loyse, pour ce que ung an a ou environ que led. J. l'espousa en l'esglise St-Nicollas-des-Champs et deux ans par avant il en avoit espousé une aultre quy est en l'ostel Dieu de Paris, au quel elle a geu d'enffent, et requiert lad. Loyse qu'ils soient envoiéz à la court de l'official pour departir comme elle dit et sur ce ester à droit. — 13 juillet 1488. (Y 5261.)

Les parties furent renvoyées devant l'official le 14 juillet 1488. (*Ibid.*) Le 20 sept. 1488, le Châtelet renvoya devant l'official un cas de bigamie. (*Ibid.*)

Cens.

Déguerpissement du détenteur de l'immeuble sur lequel le cens est assis, moyennant le paiement des arrérages échus.

20. — Au jour d'ui messire Symon le Marinier, qui avoit fait appeller pardevant nous Jehanne la G., etc., tous censiers d'une maison où souloit demeurer led. messire Simon..., afin de le veoir renoncer à tout le droit qu'il avoit en la d. maison, en l'absence desd. censiers et eulx sur ce appelés et mis en deffaut, a renoncé en jugement par devant nous à lad. maison et à tout le droit quelconques que il avoit... en ycelle et a consiné ès mains de nostre amé Fontaine, examinateur, lez arrerages qu'il povoit devoir aux d. censiers pour le terme de S. Jehan qui sera lundi prouchain. — 22 juin 1409. (Y 5227.)

Cession de biens.

21.— Ce jour Jehan Lignage, prisonnier, affirmant que il n'avoit ne a faculté ne puissance pour le present de satisfaire à plusieurs ses créanciers aux quelz il est tenus et obligéz, a fait cession et abandonnement envers tous sesd. creanciers de tous ses biens et a juré que led. abandonnement il a fait senz fraude et que, s'il vient à facultéz, il les contentera et paiera le mieulz et plus tost qu'il pourra et ce fait lui avons fait faire solempnité [1]. — 7 juillet 1399. (Y 5222.)

---

1. Il était d'usage à Paris que le sergent conduisît le cessionnaire un jour de marché au pied du pilori pour annoncer à haute voix la cession et mettre en garde ceux qui auraient pu traiter avec le cessionnaire. Cet usage existait encore au XVIIIe siècle. (Voy. *Dict. de droit et de pratique* de Ferrière, v° *Cession.*)

22. — Au jour d'ui de relevée Jehan Helequin, laboureur de bras, demourant ou bailliage d'Amiens en la ville de Sailli-le-Sec, affermant que il estoit tenuz et obligéz avecques tous ses biens et son corps à tenir prison envers plusieurs ses creanciers en plusieurs et diverses sommes..., desqueles paier il n'avoit mie de present faculté et pour ce doubtoit estre rigoureusement traitié et son corps emprisonné....., a fait cession... de tous ses biens envers sesd. creanciers, à quoy il a esté receu au regard de ses debtes non privilegiées..... — 1399. (Y 5222, fol. 153 v°.)

Clerc marchand.

23. — En la presence de Jehan Bonnet, qui avoit requis execucion sur Guillaume Elias et ses biens de certainne somme de deniers, en quoy par lectres du Chastellet il estoit tenus envers lui, d'une part, et de Marle, procureur dud. Guillaume, disant qu'il estoit clerc non marié et par ce que ses meubles prinz lui devoient estre renduz, d'autre, consideré lad. clergie, nous avons dit et ordené que les meubles dud. Elias prinz, etc., lui seront rendus et delivréz; maiz nous interdisons aud. Elias l'exercice du fait de marchandise de peletier *quousque* il ait satisfait aud. Bonnet de sond. deu, par nostre sentence, et à droit. — Samedi 12 août 1402. (Y 5224, fol. 88 v°.)

Clercs de procureurs.

24. — Au jour d'ui, par la délibéracion du conseil, et pour ce qu'il est venu à nostre congnoissance que ès auditoires d'embas les clers des procureurs delivrans les causes des parties prennent deffaux et explois pour les parties de leurs maistres contre les autres parties adverses et font enregistrer yceulx deffaux et explois, qui est un abus et erreur, nous deffendons auxd. procureurs que plus ne seuffrent ce que dit est faire par leursd. clers, et auxd. clers aussi que plus ne le facent, sur peines de estre privéz de leurs estas... de la court de ceens et aussi l'avons enjoint auxd. auditeurs que plus ne le seuffrent faire devant eulx et aussi deffendons aux clers desd. auditeurs que aucun desd. deffaux ou appointemens delivrent par les clers desd. procureurs, se leurs maistres ne y sont presens à ce faire et que eulx mesme le facent, sur peine d'amende et de privacion d'office. — 21 juin 1402. (Y 5224, fol. 54 v°.)

Commise.

25. — A la requeste de Jaques Michiel, escuier, seigneur de Chailliau[1], affermant que nostre amé lieutenant maistre Jehan Turquen tient de lui en fief et en censive certains heritages assis en la ville et terrouer de Chailliau, senz ce qu'il en ait fait aucunement son devoir envers lui, sur ce sommé par plusieurs fois, si comme il dit, et pour ce ait entencion de ycelui fief mectre en sa main et, en reconfortant ycelle, y faire mectre la main du Roy, nous, pour led. resconfort faire, commectons nostre amé R. Tuilieres, examinateur, et nostre amé Campig[ny], examinateur, ou l'un d'eulx, ou le premier autre sur ce requis. — Lundi 21 août 1402. (Y 5224, fol. 98.)

Commission rogatoire.

26. — En la presence de Mahieu d'Auteuille en personne, d'une part, et de Guillaume Lépicart ou nom et comme procureur de domiselles Beatrix et Margue[rite] dites d'Artuing, d'autre part, ordené est que le lieutenant du bailli de Tournay ou le clerc du bailliage ilec, que nous commetons à ce, fera l'enqueste qui est à faire entre ycelles parties, sur leurs faiz et raisons, qui leurs seront portéz clos et seelléz desd. parties, et, l'enqueste faicte et parfaicte, nous renvoyera ycelle feablement enclose soubz scel autentique *quod citius*, et vauldront les deposicions des tesmoings examinés affutur en ceste cause par nostre amé Fontenay, examinateur, etc., en l'enqueste principal, saufs les contrediz. Fait par le lieutenant. — 23 février 1396 (n. s.). (Y 5220, fol. 129.)

27. — En la cause meue et pendente par devant nous en accion personnele et ypothequaire (?) entre Jehan Pegayre, escolier, d'une part, et Estienne Richier, ou nom de lui et de sa femme, d'autre, nous, pour la contrariété des faiz des dictes parties, avons commis le bailli de Saint-Père-le-Moustier ou son lieutenant dedans le premier jour plaidoyable aprez Quasimodo prouchain venant. Fait presents ledit Pegayre en persone, d'une part, et Chesne, procureur desdiz mariéz, d'autre. — 19 décembre 1398. (Y 5221, fol. 52.)

---

1. Le nom de ce seigneur de Chaillot a été relevé par l'abbé Lebeuf (éd. Cocheris, IV, 98).

Communauté entre époux.

28. — Après ce que maistre Jehan du Martroy, maistre en medicine, en faisant ses demande, requeste et conclusion en cas de saisine et de nouvelleté à l'encontre de demoiselle Jehanne du Martroy, femme de feu Jehan du Martroy, pere dudit maistre Jehan, pour raison de la succession dudit deffunt, a dit et decleré que il n'avoit fournie sa complainte fors en tant que touchoit la moitié pour indivis de tous les biens meubles et conquestz immeubles dudit deffunt qui communs estoient entre ledit deffunt et ladicte demoiselle, aux jour et heure que ycellui deffunt ala de vye à trespassement, ensemble des propres heritages universalment de sondit feu pere, et que, au regart de l'autre moitié d'iceus biens et conquestz, il ne pretendoit avoir aucun droit, au moins ne les mectoit point en question, nous avons dit que, au regart d'icelle moitié de biens meubles et conquestz immeubles fais durant le mariage dud. Jehan et demoiselle, ycelle demoiselle sera maintenue et gardée en ses saisine et possession, la main levée et ostée à son prouffit, se mise y est, et toutes conclusions à lui adjugées pertinens en cas de saisine et de nouvelleté à lui adjugée au regart d'iceus biens et conquestz, lesquelz lui seront delivrées par la justice du lieu où ilz sont situés et assis senz despens. Fait present led. maistre Jehan d'une part et Picart, procureur de lad. demoiselle, d'autre. — 19 déc. 1398. (Y 5221, fol. 53. Cf. n° 39.)

Communauté taisible.

La personne qui élevait un enfant par charité protestait en justice contre le droit de communauté que cet enfant pourrait invoquer plus tard par suite de la cohabitation pendant l'an et jour.

29. — A la requeste de Jehan Gaigier, compaignon d'eaue....., disant que lui, meu d'amour naturele, avoit propos..... de nourrir et alimenter charitablement et pour Dieu Jehannin Fontaine....., protestant que, quelque laps de temps que il le nourisist ou demeurast avecques lui, il n'acquesist aucune part ou communauté en ses biens, nous avons ordené par provision de justice, en obtemperant à la requeste dud. G., que led. G. pourra nourrir, alimenter et tenir avec lui led. mineur, filz de sa fille, par tel temps qu'il lui plaira, senz ce que, par le moien d'icelle demeure, il acquiere part, compaignie, droit ne communauté ès biens d'icelui G. — 1399. (Y 5221, fol. 167.)

Cf. la même réserve faite en 1402 par une fabricante de soieries, chez qui le prévôt de Paris place une orpheline en apprentissage. (Fagniez, *Études sur l'industrie*, 62, n. 2.)

30. — Au jour d'uy Jehanne La Martine, demourant à Paris en la rue Saint-Germain-l'Auxerroiz, disant que, dès environ la Chandeleur derrenierement passée, un jeune enfant appellée Jehannete, qui se disoit estre fille de un appellé Droet Le Charon, du Mesnil-Auberi, aagée d'environ de iiij à v ans, fu trouvée toute seule emmy les rues à Paris par Perrin Gaignier et Perrin Filleul, lesquelz lui baillerent en garde, pour ce que aucunes personnes ne la reclamoient ou vouloient recongnoistre ne faire aucun bien, et depuis l'avoit tousjours norrie pour l'amour de Dieu et encores norrissoit à present, mais elle doubtoit que, ou temps advenir, se elle la tenoit encores avecques elle et en sa garde, que elle ne voulsist acquerir ou reclamer part ou communaulté en ses biens par longue demeure, qui seroit contre raison; et pour ce a protesté et proteste que, quelque demeure que icelle fille orfeline face avecques elle, que elle ne puist aucun droit reclamer en ses biens, et oultre, ou caz que il venroit à sa congnoissance que elle eust pere ou mere, ou proçains ou autres personnes qui feussent tenuz de sa norreture et gouvernement, de les faire contraindre à prendre et gouverner icelle fille, et de repeter et leur faire demande de la norreture et alimens que elle lui a desjà livréz et livrera, requerant d'en avoir lectres. Si lui octroions ces presentes et oultre, oy le tesmoingnage des dessus nomméz, lui avons baillé icelle fille et lui avons reservées ces protestacions dessusd., dès maintenant jusques à xij ans, par mi ce que, se aucuns ses amis la vouloient avoir, elle sera tenue de leur delesser par lui restituant sa norreture. — Jeudi 16 nov. 1402. (Y 5224, fol. 121.)

Communication de pièces.

31. ..... Ordonné est que les parties..... pourront faire jurer, oïr et examiner tesmoings..... sur les faiz qui par lesd. parties leur [aux examinateurs] seront bailléz par maniere de rebriche et dont elles bailleront le double l'une à l'autre..... — 21 août 1330. (Y 5229.)

Compétence.

Scolarité. Offense au tribunal.

32. — En la presence de Guillaume de Culau, escuier, qui requeroit le renvoy d'une cause en cas d'injure meue..... par devant nous entre maistre Angle Jouan....., escoliers, d'une part et led. escuier d'autre, à ce que la congnoissance en fust renvoyée aux requestes, eue consideracion à ce que led. Angle est escolier et que il est question [d']injures dictes en jugement et en nostre auditoire, nous seant *pro tribunali*, nous avons dit..... que de lad. cause nous ne ferons aucun renvoy, maiz en congnoistrons..... — 3 juillet 1402. (Y 5224, fol. 64.)

Compulsoire.

33. — Entre frere Guill. Maillart, escolier à Paris, d'une part, et Martin de L....., d'autre part, compulsoire *hinc inde* adrecé au premier sergent requis pour contraindre tous juges, notaires et aultres personnes à leur baillier vidimus, coppies ou extrais collationéz aux originaulx de toutes lettres, tiltres, registres, procès et autres instrumens dont ilz ont entencion eulx aidier ou procès pendant devant nous en les paiant de leurs salaires raisonnables..... — 15 mai 1454. (Reg. d'aud. du Chât., à la date.)

34. — Entre Jehan Courtois....., d'une part, et Gonemart, procureur des bonnes femmes de la chapelle Estiene Hauldri[1], d'autre part, ordonné est que, en la cause pendant devant nous entre lesd. parties, chacune d'elles pourra par..... m^{e} Jehan du Four, examinateur, faire extraire, transcripre ou doubler tant de lettres, registres, pappiers...... que bon leur semblera et à les monstrer et exhiber pour ce faire seront contraincts par led. examinateur cellui ou ceulx en la possession de qui..... y sont..... — 28 août 1454. (Reg. civils du Chât., à la date.)

Conflit de juridiction.

Association de malfaiteurs. Cas royaux. Droit de geôlage.

35. ..... Entre l'evesque de Paris, d'une part, et le procureur du Roy, d'autre part, l'evesque dit qu'il a deux prisonniers clercs en Chastelet et, combien que le prevost ait plusieurs foix esté somméz..... de les rendre, il en a esté refusans, pour ceste cause a esté admonesté de les rendre et jour assigné devant l'official, pour occasion de ce le temporel de l'evesque a esté mis en la main

1. Il s'agit de l'hospice de femmes fondé, rue de la Mortelerie, par Étienne Haudri, panetier de Philippe le Bel.

du Roy....., requiert que la main du Roy soit levée au moins par recreance et que les prisonniers clers li soient rendus.....

Le procureur du Roy dit que le prevost de Paris est nouviaux prevost, et est venu à sa congnoissance qu'il avoit à Paris plusieurs malfaicteurs qui portoient en la poitrine une feulle de chesne et avoient un cri que l'an dit : *Perrot*. Dit que les prisonniers blesserent un sergent du Roy....., qu'ils ont fait ces choses en commectant port d'armes, monopole et conspiration et en enfraignant la saulvegarde du Roy....., que, quant le promoteur..... requist les prisonniers....., le prevost dit que les prisonniers avoient offendu le Roy en commectant monopole et conspiration, et enfrainct la saulvegarde et en commectant port d'armes, et respondi oultre qu'ils devoient respondre devant lui sus lesd. offenses..... et quant il en auroit cogneu, il les rendroit au promoteur pour le delict commun..... De toutes les choses l'evesque et ses gens ont esté refusans et ont fait admonester le prevost qui n'est pas chose accoustumée. Dit que le prevost vint en la court de ceans au remede et la court..... ordena que le temporel de l'evesque seroit mis en la main du Roy, dit que le Roy..... a droit de geôlage en Chastelet, que les prisonniers payent, et est baillé à ferme au proffit du Roy pour vj^c liv. p. et plus, et doit chascun prisonnier payer geôlage, soit clerc ou lay, excepté les escoliers et, pour empescher le droit de geôlage....., l'evesque a fait admonester le geôlier....., conclut que le temporel soit levé et exploicté par la main du Roy, que l'evesque et son official soient condampnéz et contrains à rappeller lesd. monicions..... que qui useroit de telles monicions à Paris, il vaulroit mieulx au prevost aller glanner que estre prevost..... L'evesque replique..... que par ordenance sur ce faicte les clers ne doivent point de geôlage..... — 20 juillet 1380. (Reg. du Parl., Conseil, X^{1a} 1471, fol. 504.)

36. — Au jour d'ui s'est comparu en jugement pardevant nous Jehan de Montigny, escuier, seigneur en partie de Vanves, disant que freschement il venoit de l'uis du guischet des prisons du Chastellet, pour et en intencion de requerir Guillot Langloiz, son hoste et justiciable... l'entrée duquel guischet lui avoit esté déniée et ne avoit peu entrer sur les carreaux pour faire sad. requeste....., nous requerant à grant instance sond. hoste à lui estre rendu, voulant de tout ce avoir acte. — 20 juillet 1399. (Y 5222, fol. 68.)

Conflit de juridiction entre le Châtelet et l'officialité.

37. — Entre le chapitre de Paris et Me Fleurent Hamelin, appellans du prevost de Paris.

Brinon pour chapitre de Paris et me F. Hamelin... dist... que les notaires du Chastelet... passent plusieurs quittances, entre autres en ont passé d'aucuns qui avoient promis prandre l'un l'autre en mariage *per verba de presenti* et qui avoient eu compagnie charnelle ensemble.....; dit que il porte par memoire les entreprinses qui se font par le lieutenant criminel et les greffiers, car souventesfoiz, combien que on lui ait présenté plusieurs citacions, libelles faisans mencion de matière de mariages ou d'autres cas dont fut donné appoinctement contre lui sans l'oyr et fut condamné à faire revocquer... les citacions et si lui fut faicte defense de ne proceder doresenavant à l'encontre desd. notaires, dont il appella. Aussi ont appellé doyen et chapitre de Paris et arcediacres, comme ayans le gouvernement de la justice de l'evesque en leur main, et pour ce conclud... que l'emprisonnement soit declaré abusif et mis au neant..... et requiert par provision que defense soit faicte aux notaires de ne passer doresenavant telles quittances et..... aux lieutenant, greffiers de Chastelet..... de ne bailler telles defenses, mesmement quant les citacions sont libellées de matiere spirituelle ou ecclesiastique, mais renvoyé les parties par-devant l'official et requierent que lesd. notaires soient renvoyéz en court d'eglise..... — 19 novembre 1492. (Matinées, 4834, fol. 5 v°.)

Conseil de famille.

Son avis était demandé par le tribunal pour l'homologation d'une vente de biens de mineur faite par les tuteurs.

38. — Au tesmoignage de Martin Lecharretier, cousin, Perrin Chapelle, oncle à cause de sa femme, et Andry Delacourt, amy et voisin, tous amis de Jehannin Gilet, Jaquet et Jehannin diz Croulebarbe, enfans mendres d'ans de feu Jehan Croulebarbe et de Margot, sa femme, qui tous concordablement nous ont tesmoingné que la vente faicte par Colin Thivoust et Thomas Delacourt, tuteurs et curateurs desdiz mineurs, de demi arpent de vigne assise ou terrouer de Vanves appartenant aud. mineur, vendu à Christofle et Barthelemy, diz Bonne-Aventure, le pris de xxiiij liv. tourn., pour racheter xx s. de rente que lesdiz mineurs devoient à maistre Thibaut Thiessart sur tous leurs héritages, estoit et est proufitable ausdiz mineurs eu regart au pris de lad. vente à ce que led. demi arpent doit x s. de rente et que lesdiz deniers seront convertiz en ce que dit est, prinz sur ce d'abondant les sermens desd. tuteurs qui ainsi le nous ont tesmoingné, adjoustant en ceste partie les solennitéz en telz cas acoustumées, nous à lad. vente avons interposé nostre decret. — 19 fevrier 1396 (n. s.). (Y 5220, fol. 126 v°.)

Contredit[1].

39. — Veue la sentence donnée... par notre amé m^e Dreue d'Ars pour... demoiselle Nicole de Maucourt et contre Marguerite Byonne, par la quele avoit esté [dit] que, attendu que la cause pendant pardevant led. auditeur n'estoit que de xx s. et qu'ele ne devoit recevoir pour ce aucun contredit ès auditoires d'embas..., certain contredit de Jehan de Paris n'estoit pas recevable..., nous, oy le plaidoier des parties, eue consideration à la matiere subjette..., avons dit qu'il fu mal jugié par led. auditeur et bien demandé nostre amendement par lad. Bionne et en amendant le jugement dud. auditeur, disons que led. contredit est recevable et sera receu... et, en tant que touche les autres tesmoins (?) contredits, dont lad. Bionne dit avoir esté deboutée, nous ordenons que dedans samedi nous ferons venir devant nous le clerc dud. auditoire pour estre de nous interrogué sur l'ancien plaidoié dez parties au regard desd. autres tesmoins pour apoincter sur ce les parties comme de raison. — 1399. (Y 5221, fol. 166 v°.)

Contribution. Voy. Ordre de créanciers.

Coutume notoire.

On va voir que les coutumes notoires n'étaient pas nécessairement établies par *turbes* (Tanon, *op. laud.*) et que le prévôt se contentait

1. On appelait *contredits* les faits opposés aux pièces ou aux témoins produits par la partie adverse. Cette partie y répondait par les *salvations*. (Voy. Tanon, *l'Ordre du procès civil au XIVe siècle*, chap. v.)

quelquefois de consulter les assistants. Cf. *Constitutions du Châtelet*, art. 41 et n. 2., p. p. Mortet, *Mém. de la Soc. de l'histoire de Paris*, tome X.

40. — En la presence de Jehan Corien,... comme procureur de Jehan de Mauresgart, dit le Monnoier, et sa femme,... à la requeste desquelz Nicolas Le Gras, comme procureur de Perrenelle du Four, etc...., consors en ceste partie, estoient appelés pardevant nous à fin de veoir corriger la reponse ou reponses par yceulx procureurs faictes aux xxve et iiij^{xx} et ix articles dez fais et raisons oud. Corieu oud. nom et voir reputer et tenir les coustumes en yceulx articles posées pour toutes notoires d'une part et lesd. procureurs èsd. noms d'autre, nous, aprez lecture faicte en plain auditoire desd. articles, les coustumes et usages posées en yceulx nyées par lesd. procureurs avons reputés et reputons par l'opinion des assistans pour toutes notoires et par sequele seront tenues pour confessées. — 7 février 1407 (n. s.). (Y 5225.)

Criées.

41. — Au jour d'ui Jehannete La Lavendiere, fille de Guillaume Le Lavendier, ainsi comme nous procedions à recevoir les enchieres et renchieres de la maison dud. Guillaume son pere, criée à la requeste de Pierre Dufour, aprez ce que nous avions fait raporter par nostre amé Fresnes et par pluseurs foiz l'estat du procès desd. criées, qui estoit en estat de adjugier, appella par devant nosseigneurs en Parlement de tout led. procès et de tout ce que nous faisions en ceste partie, disant ycelle Jehannete que lad. maison estoit et est sienne. — 11 mars 1396 (n. s.). (Y 5220, fol. 149 v°.)

Curateur « ad lites. »

42. — Au jour d'ui, à la requeste de Colin Mouton, escolier estudiant à Paris, jeune d'aage, affermant que il avoit certaine cause pendante par devant nous entre mons^r Jehan de Chastillon, conte de Poncien (*sic*), d'une part, et lui d'autre, nous avons donné curateur *ad lites presentes* et avenir Jehan Jamet, procureur général en la court de ceans, durant la minorité dud. Colin, lequel curateur a fait le serment. — 29 février 1396 (n. s.). (Y 5220, fol. 136 v°.)

Défauts aux auditoires d'en bas.

Le prévôt consultait, pour réformer un abus de procédure, non seulement lès conseillers au Châtelet, mais aussi les avocats et les procureurs exerçant près de ce tribunal.

43. — A tous..... Audry Marchant....., garde de la prevosté de Paris..., comme par la complainte et clameur de plusieurs sont venu à nostre congnoissance que es deux audictoires d'embas du Chastellet de Paris, esquelz... a deux audicteurs, lesquelz et chascun d'eulx ont congnoissance des causes personeles seulement jusques à 20 liv. par. et au dessoubz, les clercs d'iceulx deux audictoires... ont fait... et s'efforcent de faire de jour en jour sentences par quatre deffaulx impetréz devant iceulx audicteurs par une partie contre autre, sans y garder la forme de droit et les stiles et usages en tel cas... acoustuméz en la court dud. Chastellet et ailleurs en court laye, c'est assavoir sans faire veoir les deffaulx par lesd. audicteurs ou autres saiges du conseil de la court, assavoir se la demande et requeste de ceulx qui impettrent les deffaulx est bien et deuement faicte et par bons moyens ou non, aussi sans savoir se les deffaulx sont bien et deuement impetréz selon les stiles et usages gardéz esd. audictoires, encores sans ce que partie impetrant desd. deffaulx baille sa requeste par escript pour..... à lui estre adjugée le prouffit d'iceulx deffaulx, sans ce aussi que la partie impetrant d'iceulz deffaux afferme en jugement sa demande estre vraye, et oultre sans faire prononcer en jugement lesd. sentences par lesd. audicteurs, leurs lieuxtenans ou autres tenans leurs sieges....., savoir faisons que nous......., oyz sur ce lesd. audicteurs en plaine audience dud. Chastellet, et par l'advis et deliberacion des advocas, procureurs et conseilliers dud. Chastellet assistans à la court, avons ordonné... que d'oresenavant teles sentences par quatre deffaulx ne se facent par les clercs desd. audicteurs... ne par autres, sans estre adjugées en plain jugement par iceulx audicteurs ou leurs lieuxtenans..... et sans y estre gardées toutes les autres solempnitéz dessus declairées qui en tel cas sont gardées en nostre hault audictoire, sur peine à ceulx qui feront le contraire... d'estre puniz comme de crime de faulx, et declairons... toutes teles lettres qui doresenavant seront faictes, où nostred. presente ordonnance ne sera gardée, estre nulles..... et..... icelle ordonnance avons faicte prononcier et fait lire et publier en nostred. audictoire et aussi es audictoires desd. audicteurs..... — 10 janvier 1415 (n. s.). (Reg. du Chât. *Doulx sire.* Y 1, fol. 28 v°.)

Délais.

44. — Au jour d'uy, ainsy que nous voulions donner et prononcier nostre sentence ou jugement sur un procès par escript pendent en la court de ceans entre Guillaume Auger d'une part et Robin Chrestien d'autre, icelluy Guillaume nous a requis que nous seurceissions à donner et prononcer nostre jugement sur led. procès, jusques à ce que Me Guillaume Droart, son advocat, qui estoit sur les carreaux, feust retourné, disant que par luy il entendoit faire proposer aucuns faiz recevables pour empescher la provision dud. procès. A quoy nous lui avons respondu que nous ne surceoirions aucunement, mais procederions à donner et prononcer nostred. jugement ou sentence, comme se led. Me Guillaume estoit present à ce, dont led. G. appellera (*sic*) et assez tost, nous estans encores en siege, renonça aud. appel. — Samedi 15 juillet 1402. (Y 5224, fol. 73 v°.)

Délégation de créance.

45. — Pris le serement de Jaquemart d'Ypre, escuier, et Colin de Dampont, tesmoins non contredis, au moins de contredit recevable, produis par Laurens Plaimper contre Guill. Malaquin sur la delegacion faite par Colin Courtoys aud. Plaimper de la somme de 110 fr. en quoy Guill. Beaumer estoit tenus envers ycellui Courtois pour certaine cause, laquele somme avoit esté arrestée à la requeste dud. Malaquin, afin de estre paié de certaine somme de den. en quoy il disoit ycellui Courtois estre tenuz envers lui..., lesquelz tesmoins ont deposé... que lad. delegacion fu faicte en la sempmaine de la S. Jean Baptiste derrenier passée, veu aussi l'arrest fait à la requeste dud. Guill. Malaquin sur les deniers dessusd. en la main dud. Beaumer, lequel fu fait en juillet derrenier passé, consideré que lad. delegacion fu faicte... avant led. arrest, nous avons dit que non obstant ycellui arrest, lesd. deniers seront baillées... aud. Plaimper et avecques ce avons condamné led. Malaquin en ses despens dommages et interests par lui euz... pour cause d'icellui arrest. Fait parties presentes. — 14 août 1399. (Y 5222, fol. 85.)

Douaire coutumier[1].

46. — En la presence de maistre Jehan du Martray, contre lequel demoisele Jehanne du Martray, sa mairastre, faisoit, entre autres choses, demande de son douaire tel, c'est assavoir de la moitié dez immeubles que feu Jehan du Martray, en son vivant mari de ladicte demoisele, tenoit et possédoit comme siens au jour dez nopces, ou autre tel comme raison, l'usage et coustume du pays le doivent, considéré que il n'a sceu ladicte requeste empescher, nous à ladicte demoisele avons adjugé sondit doaire, tel que dessus est decleré, lez despens reservéz en diffinitive de l'autre partie. Fait present Picart, procureur d'icelle demoisele. — 28 janvier 1399 (n. s.). (Y 5221, fol. 86 v°.)

47. — Au jour d'ui Jehannette, vefve de feu Estienne Bernier, en son vivant conreeur de letices[2], qui, le jour de hyer, ala de vie à trespassement et repose encores sur terre, si comme elle dit, a renoncé en jugement pardevant nous à tout droit de doaire qu'elle eust peu ou pourroit avoir ou demander en et sur les biens dud. deffunct, ensemble à toute communaulté de biens et à toutes acquisicions qui faictes avoient esté par elle et ycellui son mary, et aussy à tous les biens meubles, debtes et créances et generalement à toutes choses quelzconques, qui communes estoient entre elle et icellui son mary au jour et heure de son trespas. Requerant de ce avoir acte. — Septembre 1399. (Y 5222, fol. 110 v°.)

Élargissement sous caution.

48. — En l'an de grace M. CC. LXXVIII, le lundi ouquel fu la feste de la decollation Saint Jehan Baptiste, nous recreumes Guiot le Munier, lequel nos tenions et avions tenu par xl jors et plus por la souspeçon que l'en li metoit sus qu'il avoit efforciée une pucele et geu à li à force; mes por ce que nus ne se trest avant, ne demonstra, qui riens li demandast, ne le volsist porsivre, nos le recreumes en tel maniere que il fiança de sa main nue que il revendra à jour totes les foiz que l'en le semondra, se nus venoit avant que riens li volsist demander. Et cel jour meismes vindrent par devant Guillaume, nostre prevost, Adan Bedier, Henri le Munier, Guillaume le Munier des Bordes, Adan dou Jardin,

---

1. Cf. *Coutume de Paris*, art. 248; *Grand Coutumier*, p. 322. C'est la même affaire et les mêmes personnages qu'au n° 28.

2. Apprêteur de peaux d'hermine sans mouchetures employées principalement dans les garnitures et les doublures.

Johan de Ferrieres, Jaque le Sourt, Perrenelle la Dolée, Martin de Marne, Guillaume le Munier de Ferroles, Julian de la Bordiniere et Johan Rosse de Chanevieres, et se firent et establirent plege por ledit Guiot, par la foi de lor cors de ramener le à jour, cors pour cors, se nus venoit avant qui riens li volsist demander, present ledit prevost, Nicholas Bernier, Alixandre dou Pont, Nicholas Maingot, Johan Fortin, Adan Dagu, Gauterin de Rosoi, Thomelin Langlois, Johan Langlois, de Boissi, Evrart Forestier, Robert Le Roulier, Simon Chandele, Aubert Crochet, Johan Le Crieur, Estiene Martin, Johan Leduc, Robert le Maçon, Nicholas Saugé, Gilebert Lenormant, Guillaume Jouente, Rogerin le Portier, Crestian Hude, Richart Bon-tens, la Poueine, Raoul Le Bahier, Raoul dou Four, Morise Rainfroi, Pierre le boçu et moult d'autres[1]. — (Arch. nat., LL 112, fol. 198.)

49. — Comme les religieux, prieur et couvent d'Argenteuil et Estienne de Monfort, leur prevost, eussent ja pieça fait adjourner à iij briefs jours Gilot Garnier[2], demourant en ladicte ville, pour ce qu'il disoient..... que led. Gilot s'en estoit aléz... de lad. ville avec la femme de feu Jehan Turgis..., ausquelz iij briefs jours ou aucun d'iceulz la femme dud. Gilot estoit alée devant ledit prevost excuser led. Gilot son mari..... Et lui, sachant ce, vint devant led. prevost d'Argenteuil et amena avec lui un advocat pour lui defendre et excuser, en disant aud. prevost : « Sire, on m'a dit que vous m'avez fait appeller à iij briefs jours moy estant hors, et ne peut estre excusé par ma femme. Je viens devant vous et suy tout prest d'ester à droit et de respondre peremptoirement à tout ce que l'en me voulra demander, soit office ou partie quelconques. » Lequel prevost dist et respondit : « Mettés la main à luy. » Et lors led. Gilet dist ou fist dire : « Je suis de ceste ville et bien receant et me offre d'ester à droit et repondre par peremptoire. » Et neantmoins led. prevost dist et commanda à Gilet François, sergent desd. religieux : « Mettez la main à lui. » Et led. sergent le voult mettre en prison, dont led. Gilot appella, et... a relevé deuement son adjournement..., mais pas avant qu'il le fist executer, lesd. religieux le firent antissiper et n'ont point encores esté lesd. par-

1. Déjà publié en grande partie par M. Tanon, *Hist. des justices des anc. églises*, etc., p. 327, sous la date inexacte de 1268.

2. Gilot Garnier fut ajourné à trois brefs jours et, on peut ajouter, à cri public, parce qu'il était absent.

ties oyes oud. parlement, finablement pour bien de paix..... — Accord homologué au Parlement le 27 mars 1382 (n. s.). (Arch. nat., X^{1c}, à la date.)

50. — En la presence de Guillaume Petit, ou nom de lui et de Marion sa femme, qui estoient appeléz à la requeste de Guillemin le Picart, varlet chartier, prisonnier au Chastellet, pour la bleceure et casseure de jambe faicte à la personne de ladicte Marion, pour veoir sa delivrance, nous avons ordené que led. prisonnier sera eslargy à de vendredi en un moys par bailler dud. prisonnier caucion de la somme de xv liv. parisis, led. prisonnier et les chevaulx et charrete pour ce arrestéz mis au delivre. — Fait par maistre Élye tenant le siege. — 29 avril 1396. (Y 5220, fol. 193 v°.)

51. — Parmy ce que aujourdui Pierre de Dormans, prisonnier ou Chastellet, à la requeste de Estienne Morel, porteur dez lettres de feu mons^r Hugues de Vienne, chevalier, en son vivant seigneur de Paigny, a au jour d'ui juré, promis et affermé, à et sur peine de estre decheu de toutes defenses, que de la ville de Paris il ne partira, et tendra prison entre les iiij portes d'icelle, senz soy destourner, nous, en la presence dudit porteur et veues lesdictes lettres, led. de Dormans avons eslargi dez prisons du Chastellet parmi la ville de Paris et entre les iiij portes d'icelle, laquele prison il a juré et promis, comme dit est, tenir loialment, senz soy defouir ou destourner, sur les peines que desous. — 26 novembre 1398. (Y 5221, fol. 75 v°.)

52. — Au jour d'ui mons^r Robert de Brunetot, chevalier, chambellan du Roy, qui s'estoit constitué plege et caucion de ramener tout prisonnier Jehan Roussel, aprez ce qu'il a ramené et nous presenté en jugement par devant nous ycelui Roussel, s'est deschargé de ladicte plegerie, disant que il avoit fait ce que en lui estoit et que plus n'en vouloit estre chargé. Et ce fait, Guérard du Bos, le Borgne, à sa caucion et ledit Roussel, sur peine de estre decheu de toute defense et du crime de calumpnie, avons eslargi à demain. — 19 février 1399 (n. s.). (Y 5221, fol. 107 v°.)

Émancipation.

On trouve dans le n° 53 un exemple d'émancipation avec don d'une partie de la fortune. (Cf. Viollet, *Précis*, 439.)

53. — Au jour d'ui noble homme mons^r Guy, seigneur de Cousant et de La Perriere, conseillier du Roy nostre sire et grant maistre de son hostel, a emancipé et mis hors de sa puissance paternele Huguelin de Cousant, escuier, son filz, aagé de xxvj ans ou environ, si comme il dit, à ce que doresnavant il puisse contraher, garder, gouverner et defendre ses terres, heritages, possessions, et faire tout ce que franche et liberal personne puet et doit faire, et en signe de ce lui a donné, cedé, delessé et transporté dès maintenant à tousjours une sienne terre appellée Archemont, assise en la conté de Forestz, en la chastellerie de Cousant, ou dyocese de Lyon, toutevoyes retenu, et reservée à ycelui chevalier l'usuffruit d'icelle, sa vie durant. — 5 mai 1396. (Y 5220, fol. 199.)

54. — Ce jour, Estienne Frinquant emancipa et mist hors de sa puissance paternelle Jehan Frinquant son filz, aagé de environ ix (*sic*) ans, escolier estudiant à Paris, laquele emancipacion led. escolier a reçeu en soy agreablement. Et, ce fait, nous, à la requeste dud. emancipé, disant qu'il a et aura plusieurs actions et causes en la court de ceens, à l'encontre de Jehan Questel et Pierre de Nery et autres, nous avons donné curateur aux causes dud. escolier Jehan Bultel, procureur general en la court de ceens, lequel a fait le serment, etc. — 7 mars 1397 (n. s.). (Y 5220, fol. 144.)

Enchère.

55. — Au jour d'ui Gobert de Roquencourt et Marie sa femme, demourans au Mesnil madame Roisse (?), ont emancipé et mis hors de leurs puissance paternele et maternele Jaquet de Roquencourt, aagié de xxvj present, et Gilet de Roquencourt, absent, aagié de xix ans ou environ, leurs enfans ausquels ils ont donné puissance et autorité de contracter, joïr et user de leurs droiz et faire tout ce que franche et liberale personne puet et doit faire. — 21 mai 1399. (Y 5222.)

56. — Oy le debat au jour d'ui renvoié par devant nous par nostre amé Fontaines, examinateur, commis de par nous à louer par la main du Roy la maison..... où demoure Guill. de Villy... entre Aleaume Cachemarée... d'une part et led. de Villy d'autre, pour raison d'une enchiere que avoit derrenierement mise led. Cachemarée sur le louage de lad. maison pour un an commençant à la S. Jehan Baptiste derrenierement passé jusques aud.

jour l'an revolu, montant à iiij liv., oultre la somme de lxiiij liv. à quoy led. Cachemarée avoit mis à pris le louage de lad. maison, à la quelle enchiere led. de Villy disoit que led. Cachemarée ne devoit pas estre receu et que à tort il estoit venu, consideré que le jour de hier lad. enchiere avoit esté mise et que desja led. Villy avoit offert sa caucion realment et de fait es mains dud. commis......, nous disons que à tort led. Cachemarée a mis lad. enchiere sur lad. maison et demourera aud. de Villy pour ceste année. — 26 juin 1409. (Y 5227.)

57. — Me Jehan Porcher dit que par le stile de Chastellet et de la ville et viconté de Paris l'en vient à tens à enchérir jusques à ce que le decret soit seellé, or il a enchery..... avant que le decret feust minué, grossé ne seellé....... Jehan Martin dit que..... n'est point le stile ceans tel que dit Porchier, quelque chose qu'il soit de Chastellet, ou n'a point de jour certain en adjudicacions de decrez........ — 22 octobre 1414. (Après-dînées, X1a 8301, fol. 562 v°.)

Enquête.

58. — En la presence de Guillaume Chiefdeville, en son nom, dit est que en certainne cause meue et pendante par devant nous entre led. Chiefdeville d'une part, et Corieu, procureur de damoiselle Ysabeau Josse d'autre part, ledit Corieu oud. nom pourra faire examiner affutur par le commissaire donné en la cause sur ses faiz Raoul d'Aucamps et messe Jehan de Louvencourt, partie appellée ou presente à les veoir jurer, et seront leurs deposicions tenues closes jusques en publicacion saufs les contrediz. — 19 février 1396 (n. s.). (Y 5220, fol. 125 v°.)

59. — De l'acort de Gilet Viviot, vendeur, etc., d'une part, et de Loys Thibert, bouchier de la grande boucherie de Paris d'autre part, entre lesqueles parties est debat et question pour raison [de] certainnes lectres obligatoires montant lxx frans que demande led. Loys à lui estre rendus par led. Viviot, comme solutes et paiées, ordonné est que led. Loys pourra faire examiner tant de tesmoings affutur que bon lui semblera sur ses faiz, par nostre amé maistre R. de Pacy, examinateur que nous cometons à ce, partie adverse à ce presente ou deuement appelée; et seront leurs deposicions tenues closes jusques en publicacion, saufz lez contrediz. — 23 février 1397 (n. s.). (Y 5220, fol. 129 v°.)

Enquête par tourbe.

En acceptant l'appointement de dire, le plaideur perdait le droit de demander l'enquête par tourbe pour établir une coutume notoire, il lui fallait être relevé de cette péremption par des lettres royaux, obtenues sur requête civile, et entérinées.

60. — En la présence de Brion, procureur Pierre Gueroust, d'une part, et de Bultel, procureur maistre Laurens Tire-avant, escolier, qui avoit requis et requeroit l'enterinement de certaine requeste civile et lectres royaulx obtenues par led. Tire-avant, à fin de faire examiner coustumes et usages posez en ses escriptures contre led. Gueroust, non obstant l'apointement de dire accepté (?) desd. parties, d'autre; veues lesd. lectres royaulx, lad. requeste civile, oy le commissaire donné de nous en lad. cause à Paris, qui nous a relaté que led. Tire-avant n'avoit encores eu copie de son enqueste ne sceu le secret de la cause par chose qu'il eust veu dud. procés, et tout veu par l'opinion des assistans; avons dit et disons que lesd. lectres royaulz et requeste civile lui seront enterinées, et en ycelles enterinant, que, dedans le samedi aprez vacacions de vendenges prouchainement venans, led. Tire-avant pourra faire, se bon lui semble, jurer, oir et examiner en tourbe tant de tesmoins qu'il vouldra sur les usages et coustumes posez ès escriptures dud. Tire-avant, non obstant led. appointement, et vauldra lad. enqueste autant que se faicte avoit esté en temps deu et avant led. apointement, sauf et reservé aud. Gueroust de bailler contrediz contre les tesmoins qui ainsi seront examinez en tourbe, et de requerir que led. Tiravant soit forclos de bailler autre contredit contre les tesmoins produiz dud. Gueroust, lesquelz tesmoins, qui ainsi seront produiz de la partie dud. Tiravant, c'est assavoir ceulx demourans en Normendie, seront oiz et examinez par le commissaire du pays, et ceulx de la prevosté de Paris par maistre Aubert Delaporte, commissaire demourant à Paris. — Jeudi 31 août 1402. (Y 5224, fol. 107 v°.)

Évocation.

61. — Ce jour Huchon Françoys, huissier d'armes du Roy, nous rapporta, de par le Roy, que il nous mandoit par lui que de la cause touchant le bastart de Caffort d'une part et lez religieux du Hault-Pas..... ne ne tenions court ne congnoissance aucune... et que led. seigneur en avoit retenu la congnoissance par devers lui, à quoy nous lui repondismes que par ordenances royaulz nous ne devions aucunement obtemperer à telz mandemans de bouche senz lettres patentes..... — 6 juillet 1401. (Y 5223, fol. 30.)

Examinateurs au Châtelet.

62. — Philippe... au prevost de Paris ou à son lieutenant... les examinateurs de nostre Chastellet de Paris se sont complains à nous que, ja soit ce que des long temps a, ilz aient acoustumé à seoir en ung banc en ton auditoire pardevant toy pour oïr et entendre les plaidoieries afin de mieulz savoir et entendre les faiz où ilz sont de jour en jour commis à faire les examinacions et pour garder nostre droit, comme nos tabellions juréz, neantmoins tu et tes lieutenans faictes et laissiez seoir les procureurs et les advocas ou siège des examinateurs dessusd., si que ilz ne pevent avoir siege honneste en ton auditoire, mais convient que ilz sieent aucunesfoiz aux piez des advocaz ou que ilz se partent de tond. auditoire par deffaulte de lieu..., pourquoy nous te mandons que tu à nosd. examinateurs baille... doresenavant leurd. siege et les en laisse joir paisiblement en la maniere acoustumée et deffens ausd. procureurs et advocaz qu'ilz n'y sieent ou prejudice desd. examinateurs. — 19 mai 1340. (Reg. du Chât. *Doulx sire*, Y 1, fol. 163.)

63.—Le 22 décembre 1369, la Chambre des comptes condamna Gilles du Moulinet, examinateur, et Nicolas de Mares, notaire au Chatelet, qui s'étaient injuriés et battus dans les bâtiments de la chambre à exercer leurs charges pour le Roi à leurs depens le premier pendant deux ans, le second pendant un an. — (Mémorial de la Chambre des comptes, P 2294, fol. 748.)

64. — Ce jour, nostre amé maistre Robert de Tuilieres, examinateur, subrogea en toutes ses causes et commissions durant son absence... m^e^ Jehan de Tuilieres, son pere, voulant que, ou cas ou les parties qui ont à faire à lui procedent devant son pere en leurs enquestes comme pardevant lui et ainsi l'avons dit et disons hault et bas. — 14 octobre 1395. (Y 5220, fol. 42 v°.)

65. — Par vertu de certainnes lectres royaulz données le jour d'ier, esqueles sont encorporées certaines autres lectres royaulz données le xj^e^ jour dud. moys, par les queles semble apparoir le Roy nostre sire avoir donné à Jamet Nesson, son varlet de chambre, l'office de examinateur de nostre Chastellet de Paris, que souloit nagueres tenir et exercer feu maistre Hustin de Rive, et pour ce que aujourd'hui maistre Nicolas Lanchelet, detenteur dud. office, s'est opposé à ce que led. Jamet ne feust institué oud. office de examinateur, nous la cause meue et pendante pardevant nous entre lesd. parties pour raison dud. office avons renvoié et renvoions pardevant les maistres des requestes de l'ostel du Roy, en leur auditoire du Palais, à vendredi prouchain venant pour proceder, etc. Fait, parties presentes, par le lieutenant. — Mercredi 21 juin 1396. (Y 5260, fol. 237.)

66. — Du consentement de Jehan de l'Abaye et Simonnete, sa femme, par lui autorisée, quant à ce, nous yceus avons condanpné envers maistre Pierre de Campignoles, examinateur, en la somme de iiij frans dix sous parisis pour sa paine et salere deservis pour avoir faict pour ladicte femme, et le procureur du Roy adjoint avecques elle, certaine informacion contre Raoul de Villecroix et sa femme, pour certains excès, battures, injures et villenies dont contens est entre les parties, à paier à la Chandeleu prochainement venant un franc, à Pasques ensuivant I franc, à la Penthecouste apres ensuivant un autre franc, et le résidu à la Saint Jehan Baptiste ensuivant, et en l'escript et scel. Fait parties presentes. — 1398, 17 décembre. (Y 5221, fol. 50.)

67. — Sur ce que maistre Jehan Bochart, conseiller du Roy en la court de ceans, a aujourd'uy rapporté à la court que les examinateurs extraordinaires ou Chastellet de Paris lui avoient nagueres presenté l'arrest d'icelle court par eulx obtenu contre les autres examinateurs ordinaires dud. Chastellet pour icellui executer et que, pour ce faire, il s'estoit hier transporté oud. Chastellet, mais quant il avoit voulu proceder à l'execucion, le lieutenant civil de la prevosté de Paris avoit differé de assister à icelle execucion et s'en estoit allé et apres lui le clerc ou greffier de lad. prevosté, lesd. examinateurs ordinaires, sergens et autres officiers là presens sans vouloir assister à lad. execucion et l'avoient tous habandonné, combien qu'il feust mandé par icellui arrest faire aucunes injunctions aux prevost de Paris et à ses lieutenans, parquoy led. arrest estoit demouré inexecuté, ou grant scandale et irreverence de lad. court, la matiere mise en deliberacion, la court a mandé led. lieutenant, les advocatz et procureur du Roy oud. Chastellet et aucuns examinateurs ordinaires et, après que maistres Jehan Luillier, lieutenant civil, Robert Piedefer et François Goyet, advocatz, et Pierre Quatrelivres, procureurs du Roy oud. Chastellet, et maistres Jehan Potin, Pierre Benaise, Nicolle Tuleu, Pierre Turquam, Philippe du Four, Nicolle Poissonnier et autres examinateurs oud. Chastellet, et Laurens Leblanc, que l'on disoit estre procureur desd. examinateurs ordinaires, sont venuz en lad. court et, eulx oyz, la court a ordonné que led. arrest sera executé et enjoinct ausd. lieutenans civil et criminel de la prevosté de Paris de assister et estre presens à l'execucion dud. arrest et qu'ilz cedent et baillent le siege dud. prevost aud. Bochart pareillement ausd. advocatz et procureur du Roy, clerc ou greffier et examinateurs ordinaires qu'ilz assistent et comparent à icelle execucion, et au seurplus, touchant l'excès pretendu avoir esté fait aud. Bochart, s'aucun en y a, lad. court s'en informera, pour, ce fait, en ordonner comme il appartiendra. — 24 mai 1493. (Reg. de Parl. Conseil, X^{1a} 1500, fol. 217 v°.)

Excommunication.

68. — Ce jour, nous feisme faire inhibicion par nostre amé Fresnes à maistre Richart Franc Molu que il ne practiquast en la court de ceens hault ne bas plus tost que il se feust fait absoldre de plusieurs sentences d'excommeniement, esqueles il est innodé à la requeste de plusieurs et diverses personnes et qu'il nous ait fait foy d'icelles absolucions, et ce que dit est avons signifié aux lieuxtenans des auditeurs du Chastelet, à ce que led. Francmoulu ne seuffrissent prattiquer pardevant *quousque,* etc. — 28 mai 1399. (Y 5222, fol. 16 v°.)

69. — Ce jour, nous, informéz que Hugues Meschin, procureur general en la court de ceens, est excomenié, rengregié et renforcié par auctorité de la court de l'Eglise et que led. excommeniement il porte et soustient de coraige endurcy sens y porveoir....., nous lui avons interdit le pratticquer ceens et lui avons suspendu de son office *quousque,* etc. — 22 juin 1409. (Y 5227.)

70. — Oy le plaidoié au jour d'ui fait en jugement par devant nous en cas de saisine et de nouvelleté entre Jehanne de Mauregart, dicte de Louvemont, soy disant heritiere par benefice d'inventaire de feu maistre Pierre de Louvencourt, son frere, en son vivant docteur en droit et curé de l'eglise de Saint-Nicolas du Chardonneret, demanderesse (?) d'une part, et maistre Guillaume de la Marche et maistre Guillaume de Contigny, executeurs du testament et ordenance de derreniere voulenté dudit deffunct, si comme ilz dient, d'autre part, tant pour raison de l'exploit et maintenue faiz pour et à la requeste de ladicte Jehanne des biens de la succession dudit deffunct, qu'elle requeroit à elle estre bailliéz et delivréz comme siens, à elle appartenans, à cause de ladicte succession et heredité, concluant que ainsy feust dit ou, au moins, ou cas où la chose prendroit long trait ou delay, que recreance luy en feust faicte pendant ce plait, comme de l'opposicion faicte au contraire desdiz exploiz et manctenue par lesdiz eulz disans executeurs, disans la premiere possession des biens meubles dudit deffunct à eulz duire, competer et appartenir par la coustume toute notoire et notoirement tenue et gardée et observée du royaume de France, concluans aussy afin que yceus biens leur feussent baillés et delivrés ou au moins recreance à eulz estre faicte d'iceus pendant ledit plait, et sur l'impugnement et imquete du testament dudit deffunct debatu de par ladicte Jehanne pour certaines causes de par elle proposées, attendu le propos des parties et tout veu, nous avons dit que recreance sera faicte et ycelle faisons et adjugeons ausdiz executeurs des biens meubles demourés du decès dudit deffunct, l'alyenacion à eulz interdite et defendue d'iceus, fors seulement pour paier les obseques et funerailles dudit deffunct et les debtes dont il apparra deuement et pourveu que ladicte Jehanne sera presente ou appellée à ycelles debtes paier, ou cas ou l'argent competent demouré dudit decès ne souffrira à ce, lequel sera premier pris et explecté pour ce fere ou cas dessusdit à ycelles debtes paier, et, quant aux lais particuliers et autres choses contenues oud. testament, n'en pourront aucunes paier jusques à ce qu'il soit discuté du debat des parties. Et avec ce avons ordené que les biens meubles dudit deffunct, comme chevaulx et autres choses, qui à les plus garder se pourroient perir, mengier ou empirer, seront venduz le plus prouffitablement que fere se pourra par maistre Ernoul de Villiers, examinateur que nous commectons à ce fere et les deniers par lui baillés ausdiz executeurs comme en main de justice, à la conservacion de cellui ou ceulx à qui il appartendra, et tout senz prejudice du droit des parties et de leur plait. Fait parties presentes. — 1398, 23 décembre. (Y 5221, fol. 57 v°.)

Exécution testamentaire.

71. — Oy le paidoié aujourdui fait en jugement pardevant nous, tant à fin principal comme de recréance, entre noble homme mons[r] Guillaume de la Mote, chevalier, frere et heritier par bénéfice d'inventaire de feu Regnaut de La Mote, son frere, d'une part, et Jehan Moursin, procureur demoiselle Jehanne la Coquatrice en son nom et de ycelle demoiselle, et maistre Jehan Jouvenel, executeurs du testament et ordenance de derreniere volunté dudit feu Regnault, d'autre part, sur ce que ledit frere et heritier disoit que de raison et par la generale coustume du royaume de France par laquele le mort saisist le vif, son hoir, il estoit saisy de tous les biens, meubles et immeubles demourés du decès dudit defunct son frere, et dont il est mort saisi et vestu, et pour ce en usant de son droit, s'estoit fait maintenir et garder de par le Roy nostre seigneur en possession et saisine de la succession dudit defunct son frere, contre laquele maintenue ycelle demoiselle esditz noms s'estoit opposée, laquelle opposicion avoit esté faicte par ycelle demoiselle et executeurs en le troublant et empeschant en ses possessions et saisines, à tort, indeuement et de nouvel et pour ce l'avoit fait appeler par devant nous pour proceder en et sur sadicte opposicion, et contre elle esdits noms avoit par plusieurs moiens, usages et coustumes proposé et soustenu ses possessions, drois et saisines en concluant tous parties en cas de nouvelleté et à fin de recréance, et mesmement qu'il estoit fondé de droit commun, qu'il estoit frere et si avoit la coustume notoire pour soy. Et sur ce que ycelle vefve et Jouvenel esdits noms et mesmement comme executeurs disoient, en soustenant leur opposicion, que par la coustume toute notoire la possession dez meubles leur appartenoit pour l'acomplissement du testament dudit defunct, et pour paier les debtes, et que consideré que freschement ledit defunct est alé de vie à trespassement, et par ce ne povoient encores avoir certitude dez debtes, supposé que ledit testament feust acompli quant aux laiz, exeques et funerailles, ce que non, si n'estoit il pas doubte que la possession dez meubles leur devoit demeurer jusques en la fin de l'an et jour pour paier les debtes et torfaiz dudit defunct, en allegant tant à fin principal plusieurs faiz, usaiges et coustumes contraires à celles dudit chevalier et concluant tout parties et à fin de recreance, mesmement par le testament il apparoit qu'ilz estoient saisis desdiz meubles; sur quoy eust esté repliqué de la partie dudit que, attendu qu'il se portoit pour heritier soubz ledit benefice et que ledit testament estoit acompli quant aux laiz, exeques et funerailles et ne restoit que les debtes, et que pour icelles il offroit bailler caucion souffisant, yceulx meubles lui devoient estre bailléz. Nous finablement, oy le propos desdictes parties, eu sur tout l'oppinion des assistans, ycelles parties, quant au principal, pour la contrarieté de leurs faiz, avons apointées à bailler et jurer leurs faiz et raisons plaidoiéz et nyéz, etc., et, quand à la recréance, nous ycelle, au regart dez meubles, avons adjugéz et adjugeons aux diz executeurs durant ce procès et senz prejudice d'icelui, les despenz réservéz en diffinitive, dont Salmon, procureur dudit chevalier, a appelé en Parlement. — 1398, 27 février. (Y 5221, fol. 117 r°.)

Ferme des défauts.

72. — Au jour d'uy Ferry Trimau, laboureur, demourant à Chastenay, qui estoit adjournéz pardevant nous à la requeste de Jehan Chastellain, fermier des deffaux du greffe, pour monstrer la poursuite, s'aucune en avoit faite, d'un amendement par lui demandé de certaine sentence... et tauxacion de despens contre lui donnée par Mercier, audicteur, au prouffit dud. fermier..... — 18 juin 1401. (Y 5223, fol. 15.)

Flagrant délit.

73. — En[1] l'an de grâce M. CC. LXXVII, le samedi après la chandeleur, rendi Gui du Mes, prevost de Paris, au commandement l'abé Pierre et le couvent de Fossez, la joustice de Jehan de Cerse, meire de Melli, etc....., hostes doudit abbé et dou couvent demoranz à Melli et à Cristoill, que il tenoit en prison por la soupeçon de l'ocision de Pierre dit dou Four, etc...., lesquels ils avoient ocis, si comme l'en disoit, à l'orme qui est entre Melli et Cristoill, et ceste jostice rendi lidit prevoz pour ce qu'il entendi que lidit abbés et li convent avoient bien jostice sur lesdit hostes et ne furent mie pris à present [meffait]..... — (Arch. nat., *Livre noir de Saint-Maur*.)

Gage de bataille.

74. — Oy le plaidoier fait en jugement pardevant nous entre

---

1. Déjà publié par M. Tanon (*Op. laud.*, 328) avec le millésime inexact de 1268.

Thomassin Painfaitis, d'une part, et Guyot de Sandroville, escuier, prisonnier, d'autre part, tant pour raison de gaige de bataille que avoit baillié et getté led. Thomassin aud. escuier et que il avoit receu pour raison de certaines paroles injurieuses à lui dictes par led. Thom., comme de l'emprisonnement fait de la personne d'icellui escuier, à cause de ce, attendu le propos des parties, oyes aussy les depposicions de plusieurs des assistans à la court, par lesqueles nous est apparu que, pour raison des d. paroles, eu regart aussy à la prosecucion d'icelles, ne chiet aucun gaiges pour raison de ce que dit est et par l'opinion d'iceulx et de plusieurs autres saiges assistens, nous avons dit que, pour raison desd. paroles, ne chiet aucun gaige et ne seront à ce receues les parties..... — 1399. (Y 5222, fol. 38.)

Garnisaires.

75. — Pour ce que le procureur du Roy et Marsant Tabourdeau, soy disant libraire juré en l'Université de Paris, à la requeste duquel certains sergens et mengeurs avoient esté mis en garnison en l'ostel de messire Pierre Thoreau, prestre, si comme il disoit, n'ont pas voulu soustenir led. exploit, maiz a dit led. procureur du Roy que oncques, à sa requeste, n'avoit esté fait et desavouoit et ont [desavoué] ce que ce avoient fait faire et s'estoit desisté et desistoit de la poursuite qu'il avoit faite quant à ce, nous ledit exploit avons mis au neant et levons la main-mise en et sur les biens et hostel dud. messire Pierre, vuidant les mengeurs, et ses biens à lui delivrans. Fait parties presentes. — 16 mars 1397 (n. st.). (Y 5220, fol. 155 v°.)

Greffe de l'auditoire d'en bas[1].

76. — Aprez la requeste au jour d'ui et autres foiz faicte par Jehan Berthé à l'encontre de Audry Bonesche, à ce qu'il fust condempné et contraint à rendre compte du gouvernement et administracion qu'il avoit eu de la recepte et mise de la clergie de l'auditoire d'embas prez du seau, dont led. Berthé et Jehan Paumier avoient esté fermiers pour un an, et dont ilz disoient led. Audry avoir fait ycelle recepte et mise comme leur compaignon

1. A la fin du XIVe siècle, l'auditoire d'en bas, tenu par les deux auditeurs, avait deux greffiers. (*Grand Coutumier*, p. 31.)

en icelle ferme, etc., et l'exception proposée au contraire par led. Audry, disant qu'il n'estoit tenuz de proceder sur la dicte requeste plustost ne jusques à ce qu'il feust absolz de certaine autre instance, par eulz commencée pour cause de ce, et les despens refondéz premierement, etc. Consideré que ledit Bonesche a au jourd'ui fait foy de certains acte et procès par lesquelz est apparu que autresfoy, en la presence desdiz Paumier et Berthé, d'une part, et du procureur du Roy nostre sire, d'autre, avoit eté ordené que led. Bonesche rendroit compte de ce qu'il avoit administré de lad. clergie par devant feu me Jehan de Bar, en son vivant examinateur, etc., et depuis ce avoit baillié son compte aud. examinateur, qui aprez ce qui les ot oiz, pour ce qu'il n'en pot discuter, les renvoya par devant nous, comme il est apparu par sa relacion sur ce faicte, etc., et que, leu led. premier procès, led. Berthé avoit encommencé ceste presente instance, etc. Nous avons dit et disons que ycellui Bonnesche n'est tenuz de proceder sur la dicte requeste et condempnons led. Berthé ès despens de ceste derreniere instance et oultre disons que, considéré que ilz n'ont pas poursui lad. première instance, mais ont ycelle discontinuée et fait interrupcion, que led. Bonesche ne procedera sur lad. requeste plus tost et jusques à ce que les despens de lad. premiere instance lui soient paiéz et refondéz, avecques ces presens despens, esquelz despens nous avons condempné et condempnons led. Berthé, et, pour tous yceulx despens tauxer, commectons nostre amé maistre R. Petitclerc, examinateur, et assignons jour aux parties à oïr la tauxacion aux premieres sentences, etc. Fait par le lieutenant, present Becloy, procureur dud. Bonesche, d'une part, Guillaume de Bar, procureur dud. Berthé, d'autre part. — Samedi, 15 juillet 1396. (Y 5220, fol. 261.)

Greffe de la prévôté.

77. — Ce sont les choses qui appartiennent à l'office de la clergie de la prevosté de Paris que a tenue Philippe Begot par son temps, dont l'émolument doit appartenir au clerc de la clergie et à sa chambre.

Les papiers ou la copie des prisonniers de la geole et de tout le fait qui à la geole appartient en detencion, recreances, delivrances, informacions secretes ou enquestes et ce qui en office chiet et peut ou doit cheoir. A la clergie appartient..... toute l'escripture du siege et de l'auditoire du prevost de Paris, c'est assavoir memoriaulx, deffaulx, actes judiciaires, copies de lettres et instrumens mis ou offers en forme de preuve, collacions d'iceulx, quant le cas s'i offre, enquestes, informacions qui cheent ou pevent cheoir en office de juge, sauf ce que, se il plaist au juge, il y doit et peut depputer tel que il lui plaira avecques cellui de la clergie. L'émolument des faiz, raisons, replicacions et de tous procès judiciaulx et interlocutoires, sentences executoires, renonciacions, de lettres de sergens, commissions à sergens et de quelconque chose qui à office de juge appartient, sauf les secrectz du prevost, lesquelz il n'est pas tenu de les charger fors à cellui qui lui plaira. Les registres des mestiers et des bannières[1] et la garde d'iceulx. Les commissions generaulx et especiaulx qui par le prevost ou son lieutenant sont et doivent ou pevent estre commandées. La chambre acoustumée pour la garde des registres et escrips.

Extrait fait le 12 fevrier 1431 (n. s.) par ordonnance de la chambre des comptes du livre des cens compilé par Robert Mignon, autrefois clerc de la chambre. — (Reg. *Doulx sire*, Y 1, fol. 33.)

Hypothèque.

78. — Comme Jehan Bisart eust nagaires acheté de Pierre Ceaulx, hostes, une seue maison avec les appartenances, seans à S.-Germain des prés lès Paris, certain pris et, pour ce que aucuns crediteurs du dit vendeur y avoient mis empeschement pour leurs debtes, le dit acheteur avoit refusé à paier au dit vendeur le pris de la dicte vente, pour quoy le dit vendeur avoit fait convenir ou Chastellet de Paris ycellui acheteur et finablement eust esté dit par jugement, parties oyes ou dit Chastellet, que le dit acheteur garniroit la main de justice d'ycellui pris, dont il appella en parlement et est encor dedens le temps de relever son appel, finallement ycelles parties, pour bien de paix, sont à accort, se il plaist à la court, ainsi qu'il s'ensuit : c'est assavoir que, pour ce que les diz crediteurs du dit vendeur pour leurs debtes font vendre, crier et subhaster la dicte maison, que, par payant par ycellui acheteur par main de justice ou autrement au mieulx qu'il pourra et devra estre fait à yceulx crediteurs du dit vendeur et en son acquit le pris de la dicte vente, le dit vendeur consentira en jugement le decret au dit acheteur et à son proffit et par ainsi se departent de court,

1. Il y a dans le texte *bannis*.

se il plaist à ycelles, senz amendes et sens despens. — Accord homologué par le Parlement le 12 février 1376 (n. s.). (X[1c] 32.)

79. — Du consentement de Pierre Simon, heritier de feu Eudeline la Fardelle, jadiz femme de feu Robert Fardel, père de feu maistre Jehan Fardel, contre lequel Guillaume Lormoy, procureur du patron et des chappellains de la chappelle fondée par feu sire Arnoul Braque, lez la porte du Chaume, faisoit demande personnelle et ypothequaire pour raison de dix livres parisis de rente ou croix de cens annuelle et perpetuelle, paiéz par an aux quatre termes à Paris acoustuméz, pieça donnéz et lesséz par ledit feu maistre Jehan en son testament à la dicte chappelle, dont et aussy de l'assiete d'icelles ladicte Eudeline se obliga, depuis la mort et trespassement dudit maistre Jehan, envers lesdiz patron et chappellains, laquele assiete est encores à fere, et pour raison aussi d'icelle assiete et de xiiij[xx] viij solz parisis que en sont deubz d'arrérages à present, nous ledit Simon avons condempné personelment et ypothequerement, c'est assavoir personelment pour tele partie comme il est heritier de ladicte deffuncte et ypothequerement pour le tout, à fere assiete souffisante ausdiz patron et chappellains des dictes x libvres de rente et ycelle leur paier chacun an doresenavant par la maniere que dit est, sur tous ses biens et heritage jusques à ce que ladicte assiete soit faicte realment et de fait, et à paier avecques ce lesdiz arrerages. Et pour ce fere declerons tous ses diz biens et heritages estre affectés et ypothequés envers les diz de la chappelle et les leur adjugeons, etc. Et oultre le condempnons en l'escript et seel de ceste sentence. Fait present Lormoy, procureur, Philipe Guerart, patron et procureur aussy des chappellains de ladicte chappelle. — 1er mars 1398-99. (Y 5221, fol. 121 v°.)

Inventaire après décès.

80. — A la requeste de Jehan Ramé le jeune, tuteur et curateur pieçà donné par justice avec Thomas Lemperiere aux enfans Jehan Ramé l'aisné et feu Jehanne, sa femme, nous avons comis Vincent Chaon et Jehan Hurtaut, notaires, etc., à faire l'inventaire dez meubles demourés du décès de lad. defuncte, et qui communs estoient, etc., au jour que elle trespassa, yceulx biens estans à Cormeilles en Parisi et ailleurs, et pour faire tout ce qui au cas appartient, et sera mandé à tous et r[envoié] à autres que aux diz commis en ce obeissant, etc. — 4 mars 1396 (n. s.). (Y 5220, fol. 140 v°.)

81. — Ce jour Perrette, femme de feu Estienne Raoul, qui estoit appelée par devant nous, à la requeste de Jacques Fourmagier, Guillemin Michaut et Jehan Mesnil ès noms d'eulx et de leurs femmes et comme eulx disans heritiers en partie, et faisans fors en ceste partie des autres heritiers dudit deffunct, pour faire la solennité acoustumée de apporter, dire, nommer, exiber et enseigner tous les biens demouréz du decès et qui communs estoient entre elle et led. deffunct, au jour et heure qu'il ala de vie à trespassement, pour yceulx estre prins et mis en l'inventaire commencé à faire d'iceulx, jura et afferma par serement que toutes yceulx biens, se ensengnéz ne les a, elle monsterra, exibera et enseignera pour yceulx estre mis oudit inventaire; et, pour ce faire et soy adviser, se aucuns en a recéléz ou se elle en scet aucuns autres que ceulx qui sont oudit inventaire, lui donnasmes et prefixmes temps jusques à viij^{e}, sur les peines en tel cas introduites et acoustumées, lequel temps passé, nous tenons led. inventaire pour clos et parfait. — Fait par le lieutenant. — Samedi 8 avril 1396. (Y 5220, fol. 168 v°.)

82. — Au jour d'ui Jehan Laurens, mari de Gilete, paravant femme de feu Robert de la Valete, et Raolin de la Valete, filz d'icelle Gilete et dudit feu Robert, entre lesqueles parties estoit debat, pour raison des partages et divisions que requiert estre faiz ledit Raoulin des biens demouréz dudit feu Robert, son pere, ont juré et affermé et chacun d'eulx par leurs sermens que tous les biens que ilz auront eu et sceu, auront et sçauront avoir esté et estre demourés dudit decès, et que commun estoient entre ladicte Gilete et ledit feu Robert au jour et heure qu'il ala de vie à trespassement, ilz enseigneront et monstreront loialment et senz recelement aucun pour estre mis en inventaire, se monstrés et enseignés ne les ont, et, pour ce fere, leur donnons temps de xve, juste lequel temps l'inventaire sera tenu pour clos, et, ce fait, pour ce que ladicte Gilete est malade au lit et aussi est la femme dudit Robert, nous ordonnons que nostre amé maistre Nicolas Lanchelet, que nous commectons à ce, ira prendre leurs sermens et en lieu de nous leur fera fere pareille ...[1] et nous raportera, etc. — 1398, 30 décembre. (Y 5221, fol. 60 r°.)

1. Mot illisible.

Legs.

83. — En la presence de Guerin de La Clergerie, d'une part, et de Gras, procureur de maistre Jehan Jaquemin, en son nom et comme heritier de sa feu mere, en son vivant heritiere de feu Jaques de La Clergerie, son frere, nommé executeur avec led. Gras du testament et ordenance de derrenieres volentéz dud. feu Jaques, d'autre part, entre lesqueles parties estoit debat et question pour raison de certains lays fait par led. feu Jacques aud. Guerin, requerant à ceste fin que la clause du testament dud. feu Jaques faisant mencion dud. lays lui feust baillée et delivrée par lesdiz heritier et executeurs, au contraire de laquele requeste lesdiz heritier et executeurs eussent et aient respondu que led. testament n'estoit pas en leur possession ou puissance, et que il estoit en certains coffres estans en l'ostel de Marguerite, vefve de feu Estienne Pasté, nous avons ordonné que nostre amé R. de Tuilieres, examinateur, se transportera en l'ostel de lad. Marguerite, et là fera commandement à lad. Marguerite que elle lui exibe et baille led. testament, à ce que lad. clause en soit extraite, et, se il treuve que led. testament soit enfermé ou en coffres, nous ordenons que d'icelui ou yceulx il face ouverture, et en yceulx prengne led. testament, le aporte devers nous, à ce que par la court soit ladicte clause extraite et baillée audit Guerin, pour s'en aider, etc. — Mardi 20 juin 1396. (Y 5220, fol. 236.)

84. — En la presence de Simonnet Maugier et Jehan Fasele, executeurs du testament de feu Noël de Provins, contre lesquelz Jehan Gateau, comme legataire, faisoit demande... à ce que ils lui baillassent... le residu des biens de lad. execucion, d'une part, et dud. Gateau, d'autre, ordené est que les biens meubles de lad. execucion demouront ausd. executeurs pour et jusques l'acomplissement dud. testament, pourveu que, se led. Gateau voelt (*sic*) avoir les biens declaréz en l'inventaire, pour le pris que ilz sont inventoriéz, ilz lui seront delivréz, en baillant les deniers comptans, et, quant, à la maison que tenoit led. deffunt, elle sera baillée aud. Gateau, pour en faire son prouffit durant le temps du loage que l'avoit prise led. deffunct pour le pris que il la tenoit. — 1399. (Y 5222, fol. 133 v°.)

Legs pieux.

85. — Oy le plaidoié au jour d'ui fait en jugement pardevant nous entre chanoines et chapitre de St-Benoist-le-Bien-Tourné, d'une part, et Perrin de Viller, heritier de feu maistre Guy de Villers, en son vivant procureur en Parlement, d'autre part, sur la demande que faisoient lesd. de chapitre à l'encontre dud. heritier, à ce qu'il feust condamné à apporter devers lez notaires de ceens qui avoient passé les lettres de xl s. de rente que... doivent avoir lesd. de St-Benoist pour la sepulture et enterrage dud. deffunct maistre Guy qui est enterré... en leur eglise, et pour ce que pour ce led. maistre Guy est agregué es prieres desd. chanoines et chapitre et à leur faire rendre et delivrer lesd. lettres sur ce passées, si comme ilz disoient, non obstant l'arrest, empeschement et proupos dud. Perrin, dont il feust debouté et sur les exepcions et defenses proposées au contraire dud. Perrin, qui disoit que lesd. lettres n'avoient oncques esté passées, et, supposé que si, si disoit-il que lesd. de chapitre ne povoient demander lad. rente pour la cause que dessus, considéré que ce estoit vendre *rem spiritualem* qui est chose deffendue de droit, prinz d'abondant le serment de Miles de Brueil (?) et Guill. Predur (?), notaires, par devant lesquelz lesd. chanoines et chapitre disoient lesd. lettres avoir esté passées, qui nous ont... affermé par leurs sermens que lesd. lettres avoient esté passées par led. heritier par la maniere que dit est, sauf tant qu'il avoit deffendu à yceulx notaires que ils ne baillassent lesd. lettres jusquez qu'il leur eust apporté les tenans de la maison sur quoy lad. rente estoit constituée et, tout veu, nous, par l'oppinion des assistans à la court, avons condamné... led. heritier à apporter lesd. tenens devers lesd. notaires et à delivrer... ycelles lettres auxd. chanoines et chapitre, pour eulx aider comme bon leur semblera et non obstant l'arrest ou empeschement mis au contraire par led. heritier, dont nous le déboutons... Fait... par Bozon, lieutenant. — 16 mars 1402 (n. s.). (Y 5223, fol. 32 v°.)

Lieutenant civil.

86. — viij[e] jour de may. Au jour d'ui a esté mandé en la court de ceans m[e] Jehan Alligret, lieutenant civil de la prevosté de Paris, et, en la presence des gens du Roy, a esté par mons. le premier president interrogué pourquoy il fit constituer prisonnier le jour d'ier Loys Bourgeois, huissier de ceans, en faisant par lui ung renvoy à la requeste de m[e] Jehan Boucher, conseiller du Roy en la court de ceans, sur quoy il a respondu que les parties ont le principal interestz, mais, pour ce que en fust hier dit que, en faisant par led. Bourgeois led. renvoy, la partie soustint que le renvoy ne se devoit faire, parce qu'il estoit question de peu de chose et au dessoubz de 10 liv., aussi estoit une cause d'appel qui n'est subjecte à renvoy, par quoy, après que celui qui demandoit le renvoy ne sceut dire cause pour soustenir led. renvoy, par oppinion des assistans fust fait par lui defense aud. Bourgeois non faire led. renvoy sur peine de prison, ce nonobstant, sans mectre la main au bonnet et avoir aucune reverence, fist led. renvoy, pourquoy est verité qu'il le fist constituer prisonnier, les gens du Roy ont remonstré que led. emprisonnement est arrogant, temeraire et abusif et autreffoiz, led. cas offrant, fust ung qui tenoit le siege envoié prisonnier en bas et y aroit bien cause de faire autant aud. lieutenant, toutesfoiz, en consideracion à quelques excusacions, requierent que defenses soient faictes aud. lieutenant, sur peine de privacion d'office, de non plus faire telz emprisonnemens, quelque renvoy qui soit fait par les huissiers de la court. Ce fait, le president des requestes a remonstré que autresfoiz, en telles et semblables matières, y a eu arrest de la court... par lequel... fut dit que, touteffoiz que aucun renvoy se fait, s'il y a quelque difficulté, le lieutenant doibt surceoir et venir *quo cicius* devers ceulx des requestes, pour dire les causes qui l'ont meu de non faire led. renvoy, parquoy requiert que injunction soit faicte aud. lieutenant de entretenir led. arrest... et, eulx retiréz, la matiere mise en deliberacion, a esté conclud que, pour l'interest des parties intéressées, ils seront oys au premier jour, auquel led. lieutenant viendra, defendra et seront oys les gens du Roy, s'ilz le requierent, et neantmoins que defenses soient faictes aud. lieutenant... de non plus proceder par emprisonnement à l'encontre de aucuns huissiers de ceste court et des requestes du palais, quelque renvoy qu'ilz facent, car, s'il y a difficulté en ensuivant l'arrest de la court, peult facillement avoir accéz ausd. requestes et de la court..., lui a pareillement esté ordonné que doresnavant il procede à juger les procèz, appelléz les conseilliers qui ont acoustumé estre appelléz, et ne preigne point d'espices plus qu'il a acoustumé, car de ce quelque rumeur en est, de quoy il s'est excusé, requerant que, se aucune plaincte est faicte, estre oy, ce qui lui a esté accordé. — 1498. (Parl., Conseil, X^{1a} 1504.)

Lieutenants civil et criminel.

87. — Sur le diferant qui est entre les lieuxtenans civil et criminel de la prevosté de Paris touchant les assises de la vicomté d'icelle prevosté de Paris, qui estoient assignées mesmement au lieu de Corbueil à lundi prouchain, lesquelles chacun desd. lieutenans prétend avoir droit de tenir et y asseoir pour déterminer les causes, la court a prorogé et proroge lesd. assises jusques à de lundi en huit jours et... ordonne que led. prevost de Paris les vendra tenir en personne et, s'il n'y vient, la court y commectra qui il appartiendra et oultre a lad. court commandé aud. lieutenant criminel qu'il face savoir ceste ordonnance aud. prevost. — 22 juin 1496. (Parl., Conseil, X^{1a} 1493, fol. 221 v°.)

Lieutenant criminel et auditeurs.

88. — Au jour d'uy sont venuz en la court les lieutenans civil et criminel, advocatz et procureurs du Roy, auditeurs et examinateurs de Chastellet, qui avoient esté mandéz et a remonstré led. lieutenant criminel que, puis peu de temps ença, m^{e} Jehan de Rueil, auditeur, s'estoit ingéré de faire certain procès criminel sur une faulseté intervenue et commise en ung procès pendant pardevant lui, et avoit dit par sa sentence que celui qui estoit accusé seroit mis en question pour en savoir la verité par sa bouche, et, pour ce faire, s'estoit transporté au lieu où l'en a acoustumé faire mettre en question, pour executer lad. sentence, ce que avoit contredict il qui parloit pour ce que c'estoit une maniere de proceder non acoustumée, et ausd. auditeurs n'appartenoit avoir la congnoissance des matieres, sinon au dessoubz de 20 liv., led. auditeur soutenant le contraire, attendu que lad. faulseté avoit esté commise ou procès pendant pardevant lui et estoit incidentalle, par quoy, de disposicion de raison, il en povoit et devoit congnoistre et, au regard de l'usance, requeroient lesd. lieutenant et auditeurs qu'il pleust à la court savoir desd. advocatz et procureur du Roy qui estoient presens et des examinateurs qui avoient long temps exercé leurs offices la maniere d'en user et que à leurs dits ilz se soubzmettoient, surquoy la court, oyz lesd. advocatz et procureur du Roy et aucuns anciens examinateurs, les a fait retirer et sur ce a eu advis et, eulx appelléz, leur a remonstré lad. court que c'estoit chose scandaleuse d'avoir division entre eulx et, quant aux cas particulier, pour le present, n'y donneroit decision formelle, mais seroient veus les registres tant de lad. court que du Chastellet pour, iceulx veuz et elle plus amplement informée, en ordonner ainsi qu'il appartendra, et ce pendant et par maniere de provision, lad. court enjoinct ausd. auditeurs que, toutes et quanteffoiz que telz et semblables cas advendront et que es procès pendans pardevant eulx sera intervenu quelque crime, dont par raison fauldra proceder à l'encontre des delinquans extraordinairement, ilz communiquent lesd. procès ausd. lieuxtenans et en leur presence rapportent lesd. procès en la chambre du conseil pour, iceulx veuz en bonne et grande assemblée, y estre deliberé et pourveu, ainsi qu'il appartendra par raison, et leur a ordonné icelle court que doresenavant des petiz differens qui pourront advenir entre lesd. lieuxtenans, examinateurs et ses gens, ilz se accordent doulcement au bien de la justice, sans en travailler la court. — 7 février 1495 (n. s.). (Conseil, X[1a] 1502, fol. 48.)

Lieutenant criminel et autres officiers du Châtelet.

89. — Ce jour, maistre Nicolas Surreau a signifié et exposé en la court comment il avoit esté requis de par le duc de Bourgogne et de par le prevost de Paris par plusieurs fois et très instamment de accepter et exercer l'office de lieutenant criminel dud. prevost, dont il s'est excusé de tout son povoir, et neantmoins il en est encores très fort pressé de l'accepter, et, pour ce, finablement... soubmettoit ceste chose à la bonne ordonnance et plaisir de lad. court, à quoy icelle court a donné son consentement en ceste maniere... que, jusques à Pasques prouchain venant, led. Surreau pourra exercer le fait de lad. lieutenance, sans prejudice, pourveu toutesvoiez qu'il ne prendra nulz gaiges à cause de son office de Parlement..., mais sera content des prouffis d'icelle lieutenance.

Ce jour, pour occasion des plaintes et inconveniens qui estoient advenuz et advenoient chascun jour pour cause de l'insouffisance, ignorance ou negligence de pluiseurs qui se disoient... avoir don d'aucuns offices de Chastelet de Paris, comme auditeurs, notaires, sergens et autres, desquelz les pluiseurs ne deservent et n'ont pas souffisance ne voulenté de les deservir ou exercer, a esté ordonné par le conseil estant en la court de Parlement que lettres seroient faittes adreçans au prevost de Paris ou à son lieutenant, pour pourveoir et commettre à l'exercice desd. offices gens ydoines, expers et souffisans ou lieu de ceulx qui sont, ainsi que dit est, ignorans, negligens ou moins souffisans de exercer lesd. offices de Chastellet jusques à ce que autrement en soit ordonné par lad.

court et en ont esté les lettres à moy commandées pour ycelles signer *per regem ad relacionem magni consilii in camera Parlamenti existentis.* — 18 novembre 1418. (Parlement, Conseil, X[1a] 1480, fol. 157 v°.)

Notaires du Châtelet.

90. — En vertu d'un arrêt du Parlement du 8 juin 1397, les notaires du Châtelet avoient qualité pour apposer les scellés et faire les inventaires dans la justice de l'évêque. — (Reg. du Chât. *Doulx sire*, Y 1, fol. 124-128.)

91. — Au jour d'hui, à la requeste du procureur du Roy ceans et du procureur de la communaulté des notaires de ceans, deffense a esté faicte à Jehan de Bosco et Jehan..., notaires en court d'eglise, à leurs personnes [que] ilz ne reçoivent aucuns contraictz de vendicion, ne d'empcion, ne autres qui appartiennent à recevoir aux officiers du Roy à peine de 20 marcs d'argent d'amande. — 7 septembre 1454. (Reg. civils du Chât. à la date.)

92. — Pour ce que plusieurs abus se faisoient... ou Chastellet de Paris, tant par les notaires qui prennent d'une procuration tant que traire et exiger puent, combien que n'en ist pour le salaire du notaire que ij s. p. et vj d. p. pour le seel de toute ancienneté, et les commissaires examinateurs et graphier dud. Chastellet abusoient... en leurs offices, fut enjoint au prevost de Paris, apelé mess. Guill. de Tignonville, chevalier de nouvel prevost, qu'il y meist remede ou la court y pourverroit..... — 14 novembre 1401. (Parlement, Conseil, X[1a] 1478, fol. 42 v°.)

Notaires et examinateurs.

93. — Entre les notaires de Chastellet de Paris, d'une part, et m[e] Pierre le Gayant et m[e] Felix du Bois, d'autre part, disent les notaires que oud. Chastellet a certains notaires qui sont ordonnéz sur les lettres qui doivent estre seellées du seel de Chastellet et aussy comissions et examinacions du Chastellet..., doivent estre signées par certains notaires, afin que l'en sceust à qui recourir et ce fu ordonné par le Roy Philippe le Bel... et fut commandé estre publiée ceste ordonnance dont l'en a usé comunement, bien est vray que l'an IIII[xx] et II en fu ceans contens et par arrest fu dit que les examinateurs ne signeroient point particions, divisions et *similia*, maiz les notaires et ce fu adjoint à lad. ordonnance et, ce non obstant, aucuns des examinateurs... ont volu user au contraire et obtindrent à leur entencion mesme ceans et contre le prevost et fu l'an IIII^{xx} et IIII led. arrest donné et l'an IIII^{xx} et V ancores en fu ceans procès et furent les examinateurs condempnéz à amender leur entreprise contre lad. ordonnance qui fu faicte à grant consideracion, disent que Gayant a esté notaire ou Chastellet et après clerc du prevost et, du temps qu'il estoit notaire, debati que Fiesnes, clerc, ne signast aucune lettre à seeller du seel du Chastellet, si n'estoit notaire, et pour ce se fit notaire, maiz le Gayant qui s'est fait examinateur a autre cote vestue et welt faire come examinateur et clerc ce que debatoit au temps dessusd. et tant que peu cy avant a volu signer accors, appointemens et autres choses come eslargissemens, obligations et les welt envoier au seel au prouffit du prevost et de lui, car chascun jour y a ou Chastellet de ij à iij^{c} eslargissemens, d'un chascun des quelx ont xij d. ou ij s. lui et le prevost et tant que ce que devoit signer et faire Fresnes led. Gayant fait et welt faire..... — 1er juillet 1406. (Parlement, Matinées, 4787, fol. 379.)

94. — Au jour d'ui, honorable homme et saige maistre Robert de Tuilières, lieutenant criminel de mons., a sommé et denoncé à mond. seigneur, presens le procureur et advocats du Roy, que comme nagaires certain arrest de Parlement ait esté donné au proufit des notaires de ceens, à l'encontre des examinateurs dud. lieu, pour raison de aucuns inventaires que lesd. notaires disoient avoir esté faiz par lesd. examinateurs ou prejudice de eulx... et il ne voulsist aucunement attempter contre led. arrest, n'estoit point son entencion de commettre doresenavant comme lieutenant ne autrement aucuns desd. examinateurs à faire aucuns inventaires ou prinzés de biens par declaracion en cas criminel [ni] autrement et que mond. seigneur y pourveist se bon lui sembloit, requerant de ce avoir acte.

It. pareillement m^{e} Jehan Larchier exposa à mond. seigneur que comme nagaires, [de son] commandement ou de son lieutenant, il eust prins et mis en la main du Roy les biens de m^{e} Guerin, advocat en Parlement, de m^{e} Raoul de Fougeras, etc., et mis sergens en garnison en leurs maisons, il, pour doubte d'attempter.....[1], plus avant procéder au regart desd. biens inventarier

1. Le bord du parchemin est rongé.

ou prendre par declaracion et que mons. y pourveist, se bon lui sembloit, requerant de ce avoir acte.

Item pareillement semblables denonciacions..... font lesd. m[es] Robert et Larchier... au procureur du Roy, à ce que sur ce que dit est il y face pourveoir par la court ou mond. seigneur le prevost comme bon lui semblera. — 26 février 1407 (n. s.). (Y 5226.)

Notaires et greffiers.

95. — En la cause des notaires du Chastellet, d'une part, et m[e] Pierre le Gayant, d'autre part, qui..... dit que..... y a [au Châtelet] plusieurs et divers offices, et par especial deus clercs, l'un civil et l'autre criminel, plus anciens que les notaires, et sont lesd. clercs royaulx et du domainne du Roy et enregistre le civil *civilia* et le criminel *criminalia* et *civilia* et du criminel prant de l'émolument qu'il a le prevost par la volenté du Roy et en fait recepte le recepveur de Paris et despense *nichil*, dit que led. office a exercé xv ans et est de grant charge, car de *criminalibus processibus*, qui faut que face, rien ne prant ne de povres gens et toutevois faut il que il en face proufit au prevost de Paris, si fait au Roy le civil. Dit que P. Baudoin eut un filz, que Torode bati à mort, pour quoy fu prisonnier ou Chastellet..., dont eut remission, dont requiert enterinement au prevost, et s'accorda aud. pere à xx liv., dont bailla pleges et en fu faicte cedule de l'accort, qui fu presenté au lieutenant criminel du prevost, qui le reçut et les pleges et tout ce reçut Gayant....., dit que une femme..... avoit noise à son mari, qui l'avoit batue enormement, pour quoy fu emprisonné led. mari à la poursuite de sesd. freres, *tandem* firent accort..., qui fu passé devant le lieutenant criminel, qui reçut Gayant et par ce fu delivré le prisonnier et en signa la lettre Gayant et fu seellé du consentement des notaires. Dit que Jehanne la Fauconniere fit batre à mort J. de Noyon, dont tint prison oud. Chastelet et en eust remission et sur le cas fu fait accort, qui fu passé pardevant le lieutenant, et le reçut Gayant et signa la lettre, qui puiz fu seellée et à la seeller s'opposa Corieu, procureur des notaires, qui à ceste occasion dirent devant le prevost ou son lieutenant qu'il avoient causes..., lesquelles presentement ne povoient dire pour quoy et, pour la hâte qu'avoit partie, appointa que sans prejudice seroient lesd. lettres seellées....., dient que les notaires de fait judiciaire ne se puent meller, car ilz ne doivent point aler devant les juges enregistrer les appointemens, maiz est l'office des clers des juges. Or estoient lesd. accors appointemens ou faiz judiciaires..., mesmement qui touche... emprisonemens qui appartiennent à son office... Repliquent les notaires... que, pour la prerogative du seel de Chastellet et son auctorité, ont esté ordonnéz lesd. notaires, qui doivent escripre les lettres de leur propre main, et faut qu'il soient ij à signer et qui soient juréz, car un seul ne pourroit signer ou recevoir un contract, et dient que par ordonance royal y doivent estre lx notaires, qui ont puissance certeine limitée de passer toutes lettres à passer *de voluntate parcium*, comme apert par leur chartre, et defent au prevost et seelleur dud. Chastellet que autrement ne soient seellées lettres et dient que les examinateurs se vodrent entremettre de faire contre leurs droiz sur inventoires, partages et divisions..., sur quoy obtindrent arrest ouquel sont incorporées leurd. lettres et depuiz ancor vodrent entrepranre, soubz coleur... que le prevost leur faisoit faire, sur quoy l'an IIII^{xx} X obtindrent arrest... et maintenant, pour ce que le lieutenant criminel du prevost de Paris et Gayant sont examinateurs, tourblent la besoigne et, quant à l'office du clerc criminel du prevost de Paris, dient que ce n'est point office ni, se bien est vray que, quant le prevost de Paris examine aucuns crimineulx, a un clerc qui enregistre sa confession ou sa responce que ne faut point seeller, combien que par avant, si faloit aucune chose enregistrer pour seeller, l'en descendoit en bas et appelloit l'en un des notaires, maiz maintenant Gayant se welt meller trop avant telement que ce qui souloit valoir vj^{xx} frans vault plus de mil et v^{c} et à ce parties dient que notaires ne se doivent point meller *de judiciariis*, dient que tout le contraire est vray..... Le procureur du Roy dit que ou Chastellet n'a que un clerc qui s'appelle clerc de la prevosté et, se le prevost voloit parler sur les carreaux à aucun prisonnier, il appelloit son clerc et, s'il y avoit chose qui vausist proceder *ordinarie*, estoit appellé le clerc de la prevosté, et, s'il y avoit aucune chose sur quoy faulsist avoir lettre hors l'ordinaire, le prevost appelloit un notaire..., maiz maintenant a esté perverti, car Gayant entreprant telement qu'il reçoit lettres sans distinction et a viij clercs, desquelz en a de juesnes qui signent où il a grant peril et va à ce le prouffit qui deust aler au Roy et aux officiers ordinaires, qui monte bien à ij^{m} liv. par ceste entreprise..., si conclut contre Gayant....., a dit la court que par les commissaires qui lesd. informacions on[t] faites se informera comment lesd. parties ou temps passé se sont gouverné et comment ont usé de leurs offices et, tout veu et considéré, fera raison aux parties et au conseil et en arrest. — 15 juillet 1406. (Parlement, Matinées, X1a 4787, fol. 387 v°.)

Ordre de créanciers.

Les dettes du roi sont privilégiées, toutefois le prévôt fait passer ce privilège après celui du titulaire d'une rente réelle sur l'immeuble affecté à cette rente.

96. — Ce jour..., maistre Jehan Maulin, conseiller et maistre des comptes du Roy..., acorda expressement pardevant nous que la somme de 320 liv. t. par lui consinéz... en la main de nostre amé maistre... Chaon, examinateur comme en main de justice, venue... de la vente de certains heritages jadis appartenants à feu Jehan de Ravenel, situés... en la ville et terrouer de Gentilly, à lui adjugés par decret donné de nous, soit baillée et distribuée si et là où il appartendra..., non obstant l'opposition et empeschement par lui mis au contraire, dont il est debouté de son consentement. — 26 août 1395. (Y 5220, fol. 7.)

97. — Au jour d'ui, en la presence de maistre Laurens Laugier, qui a declaré et requis avoir le sixiesme des deniers yssus de la vente de la maison feu madame de Charny, à cause du vj[e] d'icelle maison appartenant à Jehan Saugete, adjugée par decret à honorable homme maistre Robert Cordelier, etc., nous avons commis noz améz maistres Gerard de La Haye et J. de Bar, examinateurs, à faire la distribucion des deniers yssues d'icelle vente, appelléz à ce les opposans aux criées d'icelle maison et autres qui seront à appeller, et pour les appointer, se mestiers, ou renvoier par devant nous en cas de debat; et, pour ce faire, ordenons que lesdiz commissaires et les parties procedent à lad. distribucion lundi prouchain de relevée et les jours ensuivans, en la chambre de notre amé Fresnes. — 11 déc. 1395. (Y 5220, fol. 83.)

98. — Oy le plaidoié au jour dui fait en jugement pard. nous entre Pierre Visouillet, ou nom et comme procureur de Pierre Chopine, d'une part, et le procureur du Roy, nostre sire, pour et ou nom dudit seigneur, d'autre part, sur l'opposition faicte par led. procureur du Roy à l'encontre des criées et subhastacions faictes de par le Roy d'une maison appartenante à Jehan Mouschart, assise ou fossé St-Germain-l'Aucerroiz, plus à plain declarée ès criées sur ce faictes, criée ycelle maison pour iij termes deubz d'arreraiges au commencement de ladite execucion audit Pierre Chopine à cause de iiij liv. p. de rente que a droit de prendre et prent par an en et sur ladite maison criée ledit Pierre; laquelle opposicion ledit procureur du Roy avoit soustenue et declerée, soustenoit et decleroit, afin que ledit seigneur feust premier et avant led. Chopine et tous autres paié de la somme de xxx liv. t. ou environ, deue audit seigneur de reste, à cause de cent et dix liv. p. d'amende, en quoy ledit Mouschart fu jà pieça condempné par les esleuz sur le fait dez aides ordonnées pour la guerre en la ville de Paris; disant ycelui procureur du Roy que en ce ledit seigneur estoit previlegié et devoit estre premier et avant paié que led. Chopine, mesmement que la debte du Roy, c'est assavoir lad. amende estoit née et deue audit seigneur avant que lesdiz arrerages, pour lesquelz lad. execucion avoit et a esté r[equisé], feussent deubx, ne escheuz et ainsi estoit *prior in jure*, etc., concluant que ainsi feust dit. — Le dit Chopine disoit au contraire que de raison, à quoy usage et coustume n'estoient et ne sont pas contraires, maiz s'i acordent, quiconcques a droit de rente reel et incorporé sur aucun heritage, ycelui heritage est telement affect et asservy à ycelui droit que ledit heritage ne se peut adjuger senz la charge d'icelui; or disoit-il que ladicte rente n'est autre chose que les arrerages deubx d'icelle, quant ilz sont escheuz et eschieent. Disoit oultre que tous censiers de aucun heritage sont previlegiés avant tous autres pour leurs arrerages et par sequele et autres moiens, disant que il devoit estre paié premier et avant le Roy, concluant à ceste fin, nous finablement, par l'opinion dez assistans à la court, deismes et disons que ledit Chopine sera premier et avant le Roy paié de sesdiz arrereges, dont ledit procureur du Roy a appellé en Parlement. — 19 décembre 1395. (Y 5220, fol. 81.)

99. — Considéré qu'il est apparu à maistre Jehan Motel que, s'estant opposéz aux criées et subhastacions faictes des heritages de Robert Delacroix, situés et assiz tant à Lonjumel et ou terrouer d'environ, comme à Paris, criéz à la requeste de messire Ponce de Belleville, prestre, laquele opposition led. Moté (*sic*) avoit et a declaré pour iiij liv. de rente et certains arrerages à lui deubz à cause de ce, que le droit et la rente que a et prant led.

messire Ponce est premiere et avant celui dud. Moté, aprèz ce qu'il a denié à son garant, il pour ce n'a pas voulu empescher que le decret desd. heritages ne soit adjugé à la charge de la rente dud. Belleville, et senz sa rente, se ainsi n'est que ycelui Moté mesmes veuille metre yceulx heritages à la charge de la rente dud. Belleville et la sienne à si hault pris que led. Belleville puisse premier estre paié de ses arrerages et despens; nous pour ce avons dit et disons que le decret desdiz heritages sera adjugé à la charge de la rente dud. Belleville et senz la charge de la rente dud. Moté, ou cas ou ycelui Moté ne vouldra metre et metra lesd. heritages criéz à la charge de la rente d'icelui Belleville à si hault pris que icelui Belleville puist estre premier paié de ses arrerages et despens, les despens des criées premiers prinz et paiéz. Et ce fait, led. Moté a rencheris lesd. heritages et mis à xl liv. par., offrant que, se plus est deu aud. messire Ponce, à plus les metra. — 9 mars 1396 (n. s.). (Y 5220, fol. 146 v°.)

100. — Au jour d'ui, honnorable homme et sage maistre Robert Petit-clerc, examinateur en la court de ceens, tant en son nom et comme curateur donné aux biens vacans de feu frere Jehan de Marines, qui s'estoit esdiz noms opposé aux criées et subhastacions faictes à la requeste de maistre Boniface de Savennieres, de la maison qui fust maistre Jehan de Bar, jadis examinateur, située en la rue des Arsis, declarée, etc., dist et declara les causes de ses opposicions esdiz noms estre non pas pour empeschier le decret, etc., maiz pour estre premierement et avant tous autres paié de la somme de lx frans appartenant au fait de lad. curacion, que feu maistre Jehan de Bar, en son vivant, reçut de la vendicion de certains biens meubles qui furent et appartindrent aud. feu frere Jehan, desquelz diz il requiert estre premier paié comme de deniers previlegiéz, et aussi pour estre paié de la somme de lij escus d'or à la couronne en quoy par ledres, etc., maistre Jehan de Bar le jeune, qui apartient en lad. maison criée, est tenus et obligé à lui, ou au moins pour venir à contribucion par protestacion. — Lundi 24 avril 1396. (Y 5220, fol. 187 v°.)

101. — En la presence de Guillaume de Baugis, qui s'estoit opposé aux criées et subhastacions de la maison Jehan Morgant, assise en la Tonnelerie, faites à la requeste de Phelipot de Braban, afin de estre premier paié de la somme de xiij liv. par. en quoy par lectres, etc., led. Morgant estoit tenus et obligés envers lui, ou au moins pour venir à contribucion, etc., dit est que, attendu et consideré que led. Phelipot traite du droit réel constitué en lad. maison criée, et des arrerages à lui deubz à cause d'icelui droit, ycelui Phelipot sera premier paié de son deu, et tant de son principal comme de ses arreraiges et despens, et, s'il y a seurplus, led. opposant vendra à contribucion[1]. Fait, present Gras, procureur dud. Phelipot. — Mercredi 10 mai 1396. (Y 5220, fol. 202.)

102. ..... Disant que, consideré que ilz ne s'estoient opposés avant lad. adjudication dud. decret... jusques dix jours après ou environ, que à tart venoient... et d'icelle opposition devoient estre deboutéz selon raison et par les usage, stile et coustume notoires de court laye, et par consequent devoient yceux deniers par eulz empeschiéz estre delivréz à ycellui....., veue aussy l'adjudicacion du decret sur ce fait et la date d'icelle, veue aussy la date de l'opposicion... qui est subsecutive et apréz la date de lad. adjudicacion..., nous disons que lesd. opposans sont venuz trop atart..... — 1399. (Y 5222, fol. 185.)

103. — Prinz le serment de maistre Nicolas Chaon, examinateur, ou serment duquel R. de Brussel s'est raporté pour toutes preuves, sur la promesse que led. Brussel disoit à lui avoir esté faicte par led. Chaon, de lui pour la somme de xviij fr. contenue en j brevet, en quoy Bertran Jenvier (?) est tenus envers led. Brussel pour les causes contenues oud. brevet, pourveu que partant led. Brussel se deportast de son opposicion, faicte pour xxxij s. de rente, aux criées dez heritages dud. Bertran, criéz à la requeste dud. Chaon, lequel a affermé que pieça il lui avoit offert lesd. deniers soubz la condicion que dessus, maiz led. Brussel n'en avoit rienz voulu faire. Ce consideré, nous d'icelle exepcion de promesse avons debouté et deboutons led. Brussel, ensemble de sad. opposicion pour raison de lad. rente, senz despens, par nostre sentence et à droit. Et ce fait, led. Brussel a declaré la cause de son opposicion, auxd. criées, afin de estre premier paié de la somme desd. xviij fr. contenus oud. brevet ou au moins à fin de venir à contribucion. — Samedi 18 novembre 1402. (Y 5224, fol. 122.)

---

1. C'est le droit de préférence tout naturel du titulaire d'un droit réel, du créancier hypothécaire sur le créancier chyrographaire. (Cf. *Grand Coutumier*, 223.)

Police de l'audience.

104. — Ce sont aucuns poins... ordonnéz... de nouvel par nous Simon Morhier..., garde de la prevosté de Paris..., sur le faict de nostre auditoire dud. Chastellet et pour avoir silence en icellui : 1° l'en commande à tous procureurs que doresenavant ilz soient à l'eure ordonnée et plus tost, se faire le pevent, et que, avant le juge seant, ilz delivrent l'un à l'autre toutes manieres de causes qu'ilz pourront delivrer où il ne cherra point de plaidoierie... sur peine de 10 s. p. d'amende et oultre enjoint l'en à chacun d'iceulz de venir dire au juge ceulz qui seront reffusans de ce faire et on leur pourverra. 2° Pour ce qu'il advient souvent et comme tous les jours que, après le juge estant en siege, les procureurs qui ne sont diligens de venir à matin, ou sont negligens de entendre à l'audience, quant on appelle en deffault, viennent au bout du buffet devers le clerc qui tient le papier et registre des deffaulx, pour savoir au papier se aucuns de leurs cliens sont appelléz et, à ceste occasion, font une grant noise et perturbent l'auditoire, ordonné est que led. clerc se serra d'oresenavant ou millieu du buffet, auquel l'en deffend et aussy ausd. (fol. 80). procureurs, c'est assavoir aud. clerc que il ne seuffre prendre et ausd. procureurs que il ne prennent led. papier le juge seant, sur peine de 10 s. p. d'amende. 3° L'en deffend aux procureurs... que ilz ne viennent au buffet plaidier leurs causes et que chacun... se siée et se tiengne en son siege..., sans aler ne venir par le parquet, sy non quant l'advocat qui plaidera et aura audience pour ses cliens, lors pourra soy departir de son siege et aler près de son advocat durant la plaidoierie et icelle faicte, incontinent retourner en sond. siege..... 4° Pource qu'il advient souvent que les procureurs et autres personnes, le juge estant en siege es jours de mercredi et samedi, apportent au buffet decretz pour faire publicacion d'iceulx et toutesvoyes il n'est aucunement discuté des opposans aux criées, ainsy est empeschier (*sic*) l'auditoire sans cause, l'en deffend au clerc de la prévosté que d'oresenavant il ne rapporte en jugement aucuns decréz d'adjudicacion de heritages, se premierement il n'a esté apporté à court et veu et s'il ne est discuté des opposicions faictes aux criées... et se il advient que, ces choses ainsy faictes et en rapportant led. decret en la maniere acoustumée, il seurvient opposans, puis que une foiz il sera rapporté en jugement pour adjugier des lors en avant demourra à court jusques à l'adjudicacion à ce que les opposans et autres le puissent illec veoir, quant bon leur semblera, et sera tenu le clerc de la prevosté de le montrer à chacun qui le vouldra veoir quant il le requerra. 5° Pource qu'il advient souvent que, quant le audiencier appelle les gens en deffault, il appelle sy bas et luy seant que aucunesfoiz ceulz qui sont hors du parc de l'auditoire (fol. 80 v°) ne le pevent oïr, l'en commande à l'audiencier et à son compaignon que, quant ilz appelleront aucun en deffault, ilz se lievent tous droiz et appellent sy hault que chacun le puist oïr..., sur peine de 10 s. d'amende.

La copie de cette ordonnance (fol. 81) du prévôt n'est pas terminée dans le reg. *Doulx sire*, et est par conséquent dépourvue de date.

Prévôt de Paris.

Casse une sentence du prévôt des marchands.

105. — Oyes ces demandes, requestes... huy et autresfois faictes par le procureur du Roy n. s. ou Chastellet de Paris à l'encontre de Laurent Rolant, musnier, à ce que environ demi muy de grain que ycelui Rolant avoit amené à Paris pour vendre et le quel il avoit vendu... hors hale..., à ce que led. grain feust... declaré estre fourfait... au Roy et led. Rolant condamné en l'amende..., oyes aussi les defenses... proposées au contraire dud. R., disant que pour raison de ce que est il avoit esté appelé... pardevant le prevost des marchans, à la requeste du procureur du Roy, en ycelle prevosté, qui avoit fait contre lui pareilles demandes... et finablement parties oyes avoit esté absolz des demandes, requestes et conclusions dud. procureur du Roy en led. prevosté des marchans... par led. prevost des marchans..., nous led. Laurens Rolant avons condamné en xl s. t. d'amende..., non obstant... la sentence dud. prevost dez marchans, la quele quant à ce nous avons adnullée... Fait parties presentes par Bozon, lieutenant..... — 1399. (Y 5222, fol. 179.)

Son installation.

106. — Ce jour, noble homme mons. Guill. de Tignonville, chevalier, conseiller, chambellan du Roy n. s., fu institué prevost de Paris et mis en son siege par noble homme et sage mons. Jehan de Poupaincourt, seigneur de Lyencourt et de Sarcelles, premier president en son Parlement, accompaignié de nobles et puissans seigneurs mons. Charles de Lebret, mons. Guill. de Meleun, parens du Roy, et très grant quantité d'autres nobles chevaliers, barons et escuiers. — 6 juin 1401. (Y 5223, fol. 7 v°.)

107. — Ce jour, a esté maistre André Marchant, conseillier du Roy ceans lay, receu prevost de Paris par vertu de l'election faicte de lui ou grant conseil, comme l'en dit, et pour le bien de sa personne l'ont lesd. conseillers dessus nomméz, en tant que besoin en seroit, esleu en ensuivant les ordonances royaulx. — 22 septembre 1413. (Reg. du Parlement, X[1a] 1479, fol. 267.)

Conteste au prévôt des marchands le droit d'habiter la maison de la ville.

108. — Entre le prevost de Paris, d'une part, et le prevost des marchans, d'autre part, pour cause de la maison de la ville assise en Greve.....; le prevost des marchans propose... que à Paris est la prevosté de Paris et celle des marchans ressortissant ceans nuement....., pour lesquelles exercer a ij places le Chastellet pour celle de Paris et pour la demeure du prevost de Paris, ou, si n'y demeure, c'est par lui, car il loue vj[xx] liv. de p. sa demeure, *similiter* les prevosts des marchans ont acoustumé de demourer en la maison de la ville assise en Greve....., n'onques prevost de Paris n'y demoura, si non Chauveron....., maiz c'estoit comme prevost des marchans et après lui maistre J. Juvenel et maistre J. Aillebourse, prevosts des marchans, y ont demouré, et maistre Jehan Cudoe, de present institué prevost des marchans, a esté mis en possession d'icelle maison, ce non obstant partie, ja soit ce qu'il ait le Chastellet pour maison et que ancor ait eu iiij[m] escus pour acheter maison, a obtenu lettres.....; appoincté que la cour verra les lettres des parties, considerera les raisons et fera droit et au conseil. — 23 juin 1404. (Parl., Matinées, X[1a] 4786, fol. 336 v°.)

Sa nomination.

109. — iij[e] jour de fevrier furent au conseil assembléz en la chambre de Parlement le conte de St-Pol, le chancelier de France, m. Ph. de Morvillier, etc., presens lesquelz le procureur du Roy exposa... ce qui avoit esté fait... es conseilz tenuz en lad. chambre de Parlement les jours precedens, et mesmement ou regard de la confirmacion... des advis fais par les commissaires de la police sur le fait... de la justice de la ville de Paris, en requerant que yceulx advis feussent promptement mis à execucion et que, en yceulx executant, on procedast à l'election dud. prevost, selon la teneur desd. advis, ou lieu de mess. Guy de Bar, chevalier, et, incontinant apres ce, le conte de St-Pol, le chancelier, les presidens procederent à l'election dud. prevost, et, *habito juramento solito*, oyrent en scrutine les dessusd. conseillers et assistens oud. conseil, lesquelz tous concordablement, *paucis demptis*, esleurent en prevost de Paris maistre Gilles de Clamecy, conseiller du Roy et maistre de la chambre des comptes, et, ce fait, mons. le chancelier publia led. scrutine et election et fist commandement de par mons. de St-Pol et les assistens aud. m^e Giles de Clamecy qu'il acceptast led. office, sur quoy led. de Clamecy se excusa grandement..., à fin que on voulsist pourveoir aud. office d'autre personne que de lui, et proposa plusieurs excusacions, lesquellez on ne volt recevoir oud. conseil et *quasi invitus acceptavit et prestitit juramentum solitum illico*, ja soit ce que, après lesd. excusacions, il eust demandé... avoir delay à deliberer sur ce jusques à lendemain, à quoy il ne fu pas receu.....; et apres ce se departi le conseil de la court et s'en ala le premier president en Chastellet pour installer et instituer led. m^e Giles de Clamecy oud. office. — 3 février 1419 (n. s.). (Parl., Conseil, X^{1a} 1480, fol. 169 v°.)

Intérim de sa charge.

110. — Ce jour, maistre Gautier Jayer, procureur general du Roy n. s., à cause et au droit de son office, tint le siege de la prevosté de Paris, vacant par le trespas de feu messire Jehan, seigneur du Mesnil, combien que le chancelier et les gens du conseil du Roy eussent ordené de faire tenir led. siege par les lieutenans dud. feu prevost, si comme on disoit. — 11 mars 1421 (n. s.). (Parl., Conseil, X^{1a} 1480, fol. 230 v°.)

Ce jour, messire Jehan de la Balme, chevalier, seigneur de Walfin, presenta ceans les lettres royaux par lesquelles le Roy l'avoit commis au gouvernement de la justice de la ville de Paris, la prevosté vacant par le trespas de feu mess. Jehan, seigneur du Mesnil, jusques à ce que autrement soit pourveu à lad. prevosté, et fu receu led. de la Baulme et fist le serement acoustumé. — 14 mars 1421 (n. s.). (*Ibid.*)

Accusé d'exactions.

111. — Ce jour, le prevost de Paris, maistres Jehan Doulz Sire, clerc civil, et Jehan Tillart, clerc criminel dud. prevost, au mandement de la court vindrent en la chambre de Parlement et furent interroguéz sur ce que on avoit rapporté à la court qu'ils levoient et s'efforcoient de prendre... indeument certaines exactions des sergens dud. Chastellet qui, par l'ordonnance du conseil du Roy, avoient prins nouvelles lettres de leurs offices, et disoit on que led. prevost vouloit contraindre lesd. sergens et desja en avoit contraint aucuns de paier pour leur institucion, par vertu desd. lettres renouvellées, une piece d'or à cause dez chappons que lesd. prevost et clers disoient estre deubz, et fu sur ce leur deposicion par moy escripte pour joindre aux informacions faictez en ceste matiere à l'instance du procureur du Roy, par l'ordonnance de la court, pour y pourveoir selon raison. — 6 février 1423 (n. s). (Parl., Conseil, X^{1a} 1480, fol. 269.)

Ce jour, le prevost de Paris, maistres Jehan Tillart et Jehan Doulsire, ses clers, le seelleur et chauffecire de Chastellet vindrent en la chambre de Parlement pour estre interroguéz en la matiere des exactions qu'ilz s'efforcoient de lever sur les sergens qui, par l'ordonnance du Roy et dez gens de son conseil, avoient renouvellé leurs seremens par eulz autresfois fais à cause desd. offices de sergenterie et avoient prins nouvelles lettres de leursd. offices apres le trespas du Roy Charles VIe, nagaires trespassé, desquelles exactions pluseurs plaintes estoient venuez à la court à l'instance du procureur du Roy et autres, et apres ce que led. prevost ot esté interrogué, il dist que ses predecesseurs avoient acoustumé de prendre chappons desd. sergens, lesquelz l'avoient prié de prendre argent pour yceux chappons, et il avoit respondu qu'il seroit content de viij s., et pource disoit qu'il vouloit soubstenir ses drois dessusd., et, ce fait, la court lui dist qu'elle lui feroit assigner ung brief jour à l'encontre du procureur du Roy, et cependant lui a defendu qu'il n'exige riens *quousque*, etc., et aussi a defendu aud. Tillart que pour une institucion il n'exige oultre iiij s. et aud. scelleur pour lui et le chauffecire que iiij s. *quousque*, etc. — 12 février 1423 (n. s.). (*Ibid.*)

Ses profits.

112. — Ce jour, mess. Symon Morhier, prevost de Paris, vint en la chambre de Parlement pour respondre à aucuns articles à lui bailliés par l'ordonnance de la court, faisans yceulx art. mencion d'aucunes exactions nouvelles ou indeuez que le procureur du Roy disoit estre faictez par led. prevost et aucuns autres ses devanciers en lad. prevosté depuis certain temps, ausquelz art.

led. M. a fait respondre par mᵉ Jehan Luillier, son advocat, qui disoit que led. M. estoit ung noble et notable chevalier, qui avoit esté en pluiseurs voiages et ambassades pour le Roy, et dit que, quant le duc de Bedford, regent, le charga du fait de la prevosté de Paris, qui est de grant charge, mesmement en ce temps de guerre, qu'il lui a convenu tenir plus de gens en son hostel... qu'il ne feroit en temps de paix, pour soubstenir ycelles charges lui dist et fist dire qu'il joiroit des drois de lad. prevosté acoustuméz, et avec ce lui feroit autrement plus avant pourveoir; ce presupposé dit que depuis il a exercé le miex qu'il a peu l'office de lad. prevosté à grant charge aux drois et prouffis acoustuméz, sans les acroistre et sans nouvelle exaction, et dit que ses devanciers ont bien acoustumé de prendre chappons dez sergens pour leur nouvelle institucion, et aucunesfois ont baillié chappons autresfoiz argent, toutesvoiez il n'en a point demandé d'argent; dit oultre que ses devanciers ont bien acoustumé de prendre et avoir couteaux et espéez defenduz à porter, et leur a laissié le Roy à leur prouffit, afin qu'ilz en feussent... plus diligens, semblablement des ceintures et habis dissoluz defenduz aux femmes amoureusez, et n'y a mie eu M. grant prouffit et n'est mie contre le bien publique; ou regard de la clergie criminele, le prouffit qu'il y prent, et que ses devanciers y ont acoustumé de prendre n'est mie de trop grant prouffit et ne pourroit soubstenir... les charges de la prevosté, s'il n'avoit que les gaiges ordinaires, attendu qu'il n'a point de prouffit du seel de la prevosté, et n'y a bailli en ce royaume qui n'ayt le prouffit de son seel et si en a plusieurs qui ont prouffit de la clergie et ainsi, attenduez les charges qu'il a à soubstenir et les grans dengiers, il puet... avoir les prouffis dessusd. dont ses devanciers ont joy.....; et dist qu'il n'a point baillié à ferme la geole du petit Chastellet, mais seulement à la requeste du geolier de Chastellet, qui se plaignoit de la grant charge qu'il avoit de la geole de Chastellet, lui auroit presté aucunes chambres et places ou petit Chastellet et n'eust onquez... intencion de le bailler à ferme avec la geole de grant Chastellet et se rapporte à ceulz qu'il appartient de le baillier à ferme ou outrement, et supplie au surplus que on le... laisse joïr de drois et prouffis de lad. prevosté acoustuméz. — 16 mars 1425 (n. s.). (Parl., Conseil, X^{1a} 4794, fol. 54 vº.)

Prises.

113. — Comme proces soit meu en cas d'appel et d'attemptaz entre Thomas Bernart, marchant et bourgois de Paris, appelant et demandeur oudit cas d'attemptaz, d'une part, et maistre Jaques Vyart, examinateur de Chastellet de Paris, défendeur, d'autre part, sur ce que disoit ledit appelant que ledit maistre Jaques avoit pris et levé de fait de l'ostel d'icellui appellant et contre son gré certaine quantité de buche sens ycelle payer ne lui appeller et pour ce en avoit appellé et neantmoins avoit levé ladicte buche en commettant excès et attemptaz, ledit maistre Jaques Vyart disant, au contraire, que par mandement et commission du prevost de Paris il avoit pris et levé ladicte buche pour la garnison du Chastellet de Paris et que l'en avoit offert audit appellant à lui payer et bailler les deniers de ladicte buche et pour ce disoit qu'il n'avoit en riens mespris ne commis exces ne attemptaz, maiz au contraire ledit Thomas avoit reffusé lui bailler ladicte buche par paiant juste pris, combien que ce feust pour le Roy.....; finablement lesdictes parties pour bien de paiz sont d'accord, s'il plaist à la court en la maniere qui s'ensuyt, c'est assavoir que ladicte appellacion, excès et attemptaz mis au néant sens amende, ledit maistre Jaques Vyart baillera... audit Thomas Bernart... la somme de 18 fr. pour ladicte buche et par tant lesdictes parties se départent de court..... — 23 mars 1421. (Accords homologués par le Parlement, X^{1c}.)

Prisons du Châtelet.

114. — Du consentement de Jehan Feaucon, prisonnier ou Chastelet, nous ycelui avons condamné... envers Pierre de Braban, garde dez prisons dud. Chastelet, en la somme de ix^{xx} xiiij l. iij s. vj d. p. à lui deubx du compte fait entre eulx, tant pour prest comme despense de bouche administrée par led. Pierre aud. prisonnier et son varlet oud. Chastelet et geolage. Fait parties presentes. — 23 décembre 1395. (Y 5220, fol. 94.)

115. — Comme plait feust meu en jugement ou Chastellet... entre Pierre Lapostre, vendeur de poisson de mer et bourgois de Paris..., d'une part, et Jehan de Rueil, bouchier, d'autre part, sur ce que led. Pierre..... disoit... que ja pieça il qui estoit en saisine et possession et avoit droit d'avoir... chascun an, aus quatre termes à Paris acoustumés vint s. p. de rente... sur une maison qui fu ja pieça mess. Thomas de la Ruelle, seant à Saint-Lorens-les-Paris, pour ce que lad. maison avoit esté moult longuement et estoit wide, vague, ruineuse et inhabitable et en tel point et estat que ycellui Pierre ne aultre n'y avoient peu ne povoient trouver que prendre ne que gaigier pour sad. rente ne pour plusieurs arrérages montans à onze termes qui lui en estoient deuz et que ledit Jehan de Rueil se disoit avoir et prendre sur lad. maison 60 s. de rente, laquelle... estoit apres celle dud. Pierre Lapostre, avoit fait convenir... pardevant nostred. devancier [le prevot de Paris] ycellui Jehan de Rueil, afin de garnir ou de quicter.....; sur quoy..., apres ce que led. Jehan ot dit... son droit estre d'avoir... lesd. 60 s. de rente... et qu'il ot confessé en jugement son droit estre derrenier et après le droit dud. Pierre, avoit esté... prononcié... le droit dud. Pierre estre premier et avant le droit d'icellui Jehan et aussi avoit esté condempnés led. Jehan à garnir ou faire garnir lad. maison... en tel point et estat que led. Pierre y peust trouver... à gaigier... pour sad. rente et arrerages..., et, pour ce faire, lui avoit esté... prefixé le temps de quarante jours, et, ou cas que, pendant ycellui temps, il n'auroit garny lad. maison..., nostred. devancier avoit adjugié aud. Pierre tout le droit que led. Jehan de R. avoit... en... lad. maison, si comme ces choses led. Pierre disoit estre plus à plain contenues en la sentence sur ce donnée par nostred. devancier, le xe jour de decembre l'an mil CCC soixante et onze..... Or disoit led. Pierre... que lesd. quarante jours... estoient passéz sans ce que icellui Jehan de Rueil... y eussent fait aucune garnison ou que ilz l'eussent mise... en estat souffisant....., et par consequant, selon raison, usage et coustume nottoire et par vertu de lad. sentence..., led. Jehan avoit esté... entierement decheuz... de tout son droit, et pource... ycelui Pierre avoit fait semondre... pardevant nostred. devancier ledit Jehan..., concluant afin que par nostred. devancier... feust dit que led. Jehan avoit esté... deffaillant et en demeure de garnir... lad. maison... et par consequant que led. Jehan de R. estoit entierement... forcloz desdiz 60 s. de rente..... Et au contraire led. Jehan de R. disoit... que lad. maison... avoit esté criée et subhastée deuement et souffisaument à la requeste des maistres, freres et seurs de Saint-Ladre-lez-Paris comme wide, vague, ruineuse et inhabitable par vertu du privillege donné et octroyé aus bourgois et habitans de la ville de Paris sur le fait des maisons et lieux wis, vagues, ruineux et inhabitables et en avoient esté les criées faites et parfaites dès le jour de feste aus mors l'an 1373, sans ce que led. Pierre se y feüst en aucune maniere opposé, par ce, par vertu desd. criées et du décret sur ce fait et du privillege et de la coustume notoire deppandant d'iceulx, led. Pierre L. avoit esté privé et forclos de tout le droit qu'il povoit avoir en lad. maison... et parconséquant ycelui P... ne faisoit à oïr... à faire lad. demande.....; disons que led. Jehan a esté... en demeure de garnir..... que ledit Jehan de R. est decheuz... et forclos... de 60 s. de rente..... Prononcié en jugement oud. Chastellet... le samedi 6 juin [1383]. — (Accords homologués au Parl., X[1c] 46.)

Privilège des bourgeois de Paris au sujet des maisons vides et vagues[1].

116. — Comme... mons. l'evesque de Paris, aiant droit de prendre chacun an... 4 liv. p. de croix de cens ou rente annuelle... après 8 liv. p. de rente chacun an deubz perpétuelment à Nicolas Legras, procureur general ou Chastellet..., sur une masure où souloit avoir maison apresent wide et vague, ruyneuse et inhabitable, assise à Paris, en la rue St-Germain-l'Auxerrois....., est de nécessité aud. mons. l'evesque par le previlege du roy Philippe octroyé aux bourgoiz... de Paris sur le fait des maisons wides, vagues, ruyneuses et inhabitables assises à Paris et aussy par la coustume et usage tous notoires de la ville de Paris, que il garnisse ycelle masure de biens meubles et explectables et la tiengne couverte, habitée et garnie et qu'il la mette... en tel point et estat que led. Nicolas y puisse trouver à prendre et gaiger pour estre paié desd. 8 livr. de rente des arrerages qui lui en sont deubz du temps passé....., ou que led. mons. l'evesque quitte sad. rente..... — 15 mai 1399. (Y 5222, fol. 7 v°.)

117. — Ce jour, Jehan Duchesne, procureur Guiot Bryon, ou nom de lui et de sa femme, et comme aiant la garde des enfans

1. Sur ce privilège, voy. *Grand Coutumier*, p. 262-263, et chap. XXI. *Coutume de Paris*, art. 86 de la nouvelle rédaction. *Constitutions du Châtelet*, nos 62, 63, 66. Buche, *Essai sur l'ancienne coutume de Paris*, chap. II et XVI, dans *Nouvelle Revue historique*, VIII et IX. *Études sur l'industrie...*, p. 165.

d'icelle femme, qui estoient appeléz par devant nous, à la requeste de Blanchet, procureur Pierre Clerembaut, en cas d'opposition d'eritaige et à fin de garnir ou de quicter une maison assise à Paris en la rue Huleu, tenant, d'une part, à Simon Le Maugnier, criée à la requeste dud. Pierre par vertu du previlege donné et octroyé aus bourgois et habitans de la ville de Paris sur le fait des maisons vuides, vagues, ruyneuses et inhabitables, pour xx s. de rente que led. Pierre prend par an sur lad. maison et trois années d'arreraiges au temps des criées, et ceulx depuis escheuz, et laquele opposicion led. Guiot avoit declerée pour iij s. de rente et pluseurs arreraiges qui deubz en estoient, si comme led. Chesne disoit, après aucuns delaiz [led. Chesne?] ne scet dire cause pour empeschier la requeste dud. Blanchet oud. nom, et pour ce prinst temps de garnir à quarante jours, que nous lui avons prefixé pour ce faire, etc., senz despens. Et pareillement avons prefigé temps de garnir lad. maison à Jehan Le Bourguignon, nottaire, opposant ausd. criées pour xxj s. de rente et plusieurs arreraiges senz despens. — 19 avril 1396. (Y 5220, fol. 183.)

Procédure.

Ordonnances du prévôt de Paris sur la juridiction du Châtelet.

118. — Ce sont aucuns poins et articles ordonnéz et advisèz de nouvel par nous Hugues Aubriot, garde de la prevosté de Paris, et par deliberacion de bon conseil, tant sur le fait de nostre auditoire comme sur les auditoires des sieges aux auditeurs du Chastellet de Paris, lesquelz poins et art. nous voulons estre joins ès autres ordonnances faictes de nostre temps[1] sur le fait et ordonnance des plaidoyeries de la court dud. Chastellet. 1° Pour ce qu'il est venu à nostre congnoissance que plusieurs procureurs dud. Chastellet ont acoustumé par aucunes convenances qu'ilz font entre eulx de passer assignacions et continuacions en plusieurs causes dont ilz sont chargiéz sans le sceu et auctorité de nous ne desd. auditeurs et sans faire enregistrer par les clercs à ce ordonnéz lesd. assignacions et continuacions, et aucunesfoiz ont accoustumé de passer ou faire enregistrer la date du jour qu'ilz ont parlé l'un à l'autre et sur ce ont acoustumé d'apporter aucunesfoiz ausd. clercs plusieurs et diverses cedules escriptes des

1. Voy. l'ordonnance royale de janvier 1368 (v. s.).

mains d'aucuns d'iceulx procureurs ou de leurs clercs, en disant tant aux clercs de nostre audictoire comme desd. audicteurs que ilz signent lesd. cedules desd. assignacions et continuacions et que ainsi les ont accordé l'un à l'autre, combien qu'elles soient de diverses dates, mesmement d'autres dates que du jour que ilz comparent devant lesd. clercs, et ainsi plusieurs causes pendans en la court dud. Chastellet ont esté et sont souvent delayées et aucunesfoiz estaintes et le droit de partie blecié sans le sceu du juge, nous avons... deffendu que d'oresenavant nulz procureurs ne facent ne passent entre eulz... telles manieres d'assignacions ou continuacions, s'ilz ne viennent en jugement le jour qu'ilz les accorderont pour les passer devant nous ou devant lesd. audit-teurs ou devant lesd. clercs au plus tart dedens le jour que lesd. assignacions ou continuacions escherront ou que elles ne soient deslors en avant passées, et deffendons à tous les clercs de nostre audictoire et desd. auditeurs que après led. temps ilz ne signent telles assignacions ou continuacions ne les enregistrent en leurs livres, se ce n'est par la maniere cy dessus esclarcie, et quiconques sera trouvé faisant le contraire il en sera pugniz par nous ou lesd. auditeurs, selon ce que le cas le requerra et en la maniere que bon nous semblera et ausd. auditteurs.

Item pour ce que les clercs des procureurs sont jeunes et aucunesfoiz noyseux et ont acoustumé de faire grans noises, jangleries et perturbacions ou parquet de nostre auditoire et empeschent et occupent les places aux procureurs et aux autres bonnes gens qui ont à faire devant nous, par quoy la delivrance des causes a esté souventesfoiz et est de jour en jour moult grandement empeschée et perturbée et dont pour telles noises la court a receu plusieurs blasmes et vitupaires, nous avons... deffendu que d'oresenavant nul clerc de procureur ne soit si hardy de entrer ou parquet de nostre audittoire tant comme l'en y plaidera, se ce n'est par le congié de la court, mais se tendront tous dehors le parquet, comme anciennement souloient estre, sur peine d'estre mis en prison.

Item pour obvier encores à la noise que l'en fait en la court dud. Chastellet, laquelle vient aucunesfoiz pource que les procureurs se sont efforciéz et efforcent de plaidier et parler haultement avecques leurs advocas quant ilz plaident leurs causes et ne s'en attendent pas à leurs advocas, mais se demainent oultrageusement et ce combatent de paroles à leurs advocas ou aux advocas et procureurs de leurs parties adverses, et aucunesfoiz estrivent et se debatent desordonneement au juge avecques leurs advocas, nous deffendons que d'oresenavant nul procureur ne soit si hardy de plaidier ne de parler haultement ne desordonneement tant comme son advocat plaidera, mais, se aucune chose lui veult dire, que il le lui die en l'oreille ordonneement et ne soit si hardi de estriver au juge tant comme son advocat parlera ne aussi à l'advocat ou procureur de sa partie adverse sur peine d'estre mis en prison et d'amende telle comme le cas le requerra.

Item pour avoir meilleur silence et ordonnance en nostre audittoire, ordonnons que, quant ung advocat aura son audience, tous les autres advocas se serront, etc.[1].

Item pource que les causes... sont moult souvent delayées, parce que, quant une partie est appellée à l'audience d'aucun advocat, le procureur de la partie appellée n'est pas trouvé en jugement ou aucunesfoiz se taist et ne dit mot, combien que son advocat soit present en jugement et s'attendent aux rabas, par quoy il a souvent grant noise en nostred. audittoire et sont les causes delayées comme dit est, nous avons ordonné que, se d'oresenavant ung advocat fait appeler aucune partie qui ait procureur oud. Chastellet et le procureur n'est trouvé present en jugement pour delivrer la cause, le procureur ainsi deffaillant paiera 5 s. d'amende ou sera mis en prison, se ainsi n'estoit que à celle heure il feust hors par le congié de la court ou qu'il eust aucune autre juste et loyal essoine.

Item que nul procureur ne autre ne se siee entour le buffet de nostre auditoire, se ce n'est pour faire enregistrer leurs deffaulx ou pour faire les registres des sentences et appoinctemens de nous donnéz et aussi qu'ilz ne mettent aucunes de leurs lettres ou pappiers sur led. buffet, afin que elles ne soient entremeslées avecques les lettres de la court et que l'en ne les [prenne les] unes pour les autres, sur peine de 5 s. d'amende, et que, sur peine de paier lad. amende chascun, si tost qu'il aura fait enregistrer ce pour quoy il sera trait aud. buffet, s'en voit seoir ou siege ou sieges ordonnéz pour lesd. procureurs et autres[2].

Item les audicteurs dud. Chastellet seront tenus de venir dili-

1. Article reproduit dans l'ordonnance de 1425. *Grand Coutumier*, p. 49, art. VII.

2. Cf. ord. de 1425, art. 22.

gemment en icellui Chastellet et d'entrer en leurs sieges à neuf heures de l'orloge du palais ou environ ou d'y mettre et envoyer pour eulz leurs lieuxtenans qui soient bons souffisans et honnestes pour l'expedicion des causes des bonnes gens qui y ont et auront afaire et les delivreront briefment et diligemment à leur povoir et demourront en leurs sieges jusques à douze heures depuis la St-Remy jusques à Pasques et de Pasques jusques à la St-Remy enterront en siege à huit heures et y demourront jusques à onze heures, et, si tost qu'ilz seront entréz en siege, les parties qui auront afaire devant eulz pourront faire appeller l'une l'autre pour delivrer les causes ou pour avoir deffault ou comparuit l'une contre l'autre en la maniere que ou temps passé a esté acoustumé à faire.

Item pour ce qu'il est venu à nostre congnoissance que les clercs et tabellions desd. audicteurs recevoient... par cedule les noms des personnes appelées en deffault et selon lesd. cedules yceulx escripsent en leurs livres des deffaulx, parquoy aucunesfoiz advient... que esd. cedules avoit plus de noms de personnes que les sergens n'avoient appellé, ordonné est que d'ores enavant aucune personne ne soit mise en deffault ne enregistrée ou pappier des defaulx, se le sergent qui l'aura appellé ne le relate en sa proppre personne ausd. clercs par noms et seurnoms et aussi que à quelque personne que ce soit yceulx clercs ne baillent... par escript lesd. deffaulx sans avoir et oyr... avant tout euvre la relacion du sergent qui l'adjournement aura fait, se ce ne sont *comparuis*, et encores que tantost après ce qu'ilz auront esté appelléz, que promptement soient relatéz et après enregistréz.

L'art. suivant est reproduit dans l'ord. de 1425, art. 23.

Item que nul clerc de procureur ne soit si hardi de soy ingerer à plaidier devant les auditeurs et que les auditeurs ne les seuffrent plaidier ne patrociner devant eulz, se ilz ne sont avant receuz par nous à estat de procuracion et qu'ilz soient juréz et assermentéz de la court.

Item nous avons ordonné que d'ores en avant l'audience du greffe dud. Chastellet sera criée à l'onziesme heure de l'orloge et non plus tost.

Item que les deux sergens audienciers, etc.[1].

---

1. Voy. même ordonnance, *De l'Audiencier*, art. 1.

Item que les auditeurs ne recevront point aucunes parties en procès par escript de sommes qui soient au dessoubz de 20 s., esquelles causes au dessoubz de xx s. les auditeurs procederont sommierement et de plain sans recevoir parties en contrediz et, s'aucuns contrediz y a, ilz en ordonneront sommierement et de plain sans escriptures et aussi les tabellions desd. auditeurs ne passeront aucunes assignacions de baillier par escript ès causes devant d. et aussi les procureurs ne le feront point sur peine d'en estre punis à l'ordonnance du juge. — (Reg. du Châtelet *Doulx sire*, Y 1, fol. 5 v°.)

Procureurs au Châtelet.

119. — Au jour d'ui, oyz et examinéz par nostre amé lieutenant maistre Symon Beson, Guill. Drouart, advocat et conseiller du Roy, et Pierre de Fresnes, clerc de la prevosté de Paris, Bouchart Moreau, Guillaume le Riche et Jehan de Ricourt, clers servans ceens et qui long temps y ont servi, sur les usages et stile de la court de ceens, informéz de leurs souffisance et bonnes renommées, yceulx... avons receuz à estat de procureurs en la court de ceens et leur avons fait faire les sermens acoustumés. — 1399. (Y 5222, fol. 175.)

120. — L'an dessusd. [1425], le mercredi XXIIIIe jour dud. mois [octobre], fut apporté de la court de Parlement et leu en jugement ou Chastellet certaine ordonnance ced. jour faicte en lad. court contenant ceste forme : sur la question faicte lundi derrenier passé pour le nombre de quarente procureurs pour les auditoires d'en hault du Chastellet de Paris, assavoir comment lesd. procureurs d'en hault qui avoient causes commencées es audictoires d'embas feroient... d'icelles causes d'embas et semblablement de ceulz d'embas comment ilz feroient des causes d'en hault, ordonné et appoincté a esté par la court que lesd. procureurs d'en hault bailleront par declaracion aux clercs des auditoires d'embas les causes qu'ilz ont en yceulx auditoires et l'estat d'icelles et les pourront poursuir et demener jusques en diffinitive, mais ilz ne entreprendront ne poursuivront de nouvel aucunes causes esd. auditoires d'embas sur peine d'amende arbitraire, et semblablement feront lesd. procureurs d'embas au regard de leurs causes d'en hault. Fait en la chambre de Parlement, le mercredi, XXIIIIe jour d'octobre 1425. — (Reg. du Châtelet *Doulx sire*, Y 1, fol. 78 v°.)

121. — La court... enjoint à tous procureurs qui ont... à respondre à articles que, avant qu'ilz respondent, ilz parlent sur ce à leurs maistres, se bonnement en pevent finer, et... sachent de leurs consciences quelles responses ils auront à faire et, se bonnement ne pevent parler à leursd. maistres, respondent, selon l'instruction qu'ilz auront eu d'eulz en la cause, par *credit* ou *non credit*[1].

Lad. court deffend ausd. procureurs qu'ils ne nyent faiz ou coustumes notoires..., quoy que leurs maistres leur... veullent faire faire au contraire.

... Enjoint lad. court auxd. procureurs s'ils voient aucuns articles... comprenans divers fais... qu'ilz confessent ce qu'ilz verront ou sauront estre vray ou notoire de l'article ou articles.

... Qu'ilz respondent devant les commissaires deputéz à faire les enquestes et non point à part. ... Enjoint ausd. commissaires que, avant qu'ilz facent ou seuffrent respondre lesd. procureurs, ilz... voient les art. ausquelz lesd. procureurs auront devant eulz à respondre, et, ce fait, facent iceulx procureurs respondre et escripvent ou facent escripre en leurs presences les responses qui seront faictes à chascun.

Lad. court deffend que d'oresenavant l'en ne face aucunes enquestes sur reprouches de tesmoings, se premierement n'est dit par le juge que le procès ne se peut jugier sans enquerir la verité sur les reprouches, et declaire sur quelz articles d'icelles reprouches sera la verité enquise.

Pource que justice... est informée que pluseurs procureurs de la court de ceans pratiquans devant les auditeurs et aucunesfoiz les parties demandent souventesfoiz pardevant nous l'admendement des appointemens ou sentences données par les auditeurs, sans ce que aucunes foiz les clercs des auditeurs, pour la presse qui y est et l'occupacion que ilz ont de faire leurs registres, oyent demander lesd. amendemens ou sachent les noms des parties pour qui ou contre qui ilz sont demandéz, et ainsy ne enregistrent point lesd. amendemens..., et que lesd. procureurs ou les parties qui ont demandé lesd. amendemens s'en vont et ne tiennent compte de les faire enregistrer, pourquoy le Roy n. s. pert les amendemens et sy en sont retardéz... les procès, ordonné est que d'orese-

1. Déclaration faite par les parties au sujet des faits allégués par elles. Voy. Tanon, *op. laud.*, 39-41.

navant tous lesd. procureur ou les parties... seront tenuz de iceulz faire enregistrer incontinent par les clers desd. auditeurs, lesquelz clercs seront tenuz... de le ainsy faire sur peine de l'amende arbitraire à tous les dessusd. Ainsy signé : J. Doulx sire. — Non daté. Probablement de 1426. (Reg. du Chât., *Doulx sire*, Y^1, fol. 79.)

Procureurs d'en bas et d'en haut.

122. — ... Et oultre sera publié et defendu ou Chastellet de Paris que doresenavant aucuns procureurs ne facent ou baillent responses à articles, se premierement ilz n'ont parlé sur ce à leurs maistres s'ilz en pevent finir et qu'ilz ne nyent articles que veritablement ilz sauront ou verront estre vrais...[1]. — 29 octobre 1427. (Conseil du Parl., X^{1a} 1480, fol. 386.)

123. — Veue la requeste presentée à noss. de Parlement par Lorin de Lachevez, expédiée le xxve jour de ce present mois d'avril, dont la teneur est telle. A mon très honoré et doubté seigneur mons. le premier president de Parlement, supplie très humblement Lorin de L., povre jeune homme chargé d'une jeune femme gisant d'enffant, comme de son june aage et mesmement par l'espace de xij ans et plus il ait continuellement servi ou Chastellet de Paris [comme clerc? la moisissure du papier empêche de lire] de Jehan de Ranville, procureur oud. Chastellet, avecques lequel il ait exercé le fait de procureur jusques..... [lacune causée par le même motif] qu'il s'est marié, depuis lequel mariage et environ un mois après, en alant de Paris à..., il ait esté prins des ennemis... du Roy..., qui long temps ont... detenu prisonnier et mis à grant raençon..., ce qui... et mis à povreté..., ne se scet à quoy appliquer pour sa vie gaigner que aud. fait et exercice de procureur, que... il vous plaise aud. suppliant permettre que oud. Chastellet, comme procureur en ycellui, il puisse pratiquer es (?) bas auditoires et à ce le recevoir et vous ferez bien et aumosne et led. suppliant priera Dieu pour vous. Fiat in casu quod reperietur sufficens et ydoneus. Actum in Parlamento... anno CCCC XXVII°. Ainsi signé : De la Rose. Et après ce que m^e^ Jehan... Girard de Gra[n]tchamp... et m^e^ Germain Rappine, advocat... [mots illisibles pour la même cause] estre souffisant, nous ycellui avons receû en estat de procureur... [id.] et lui avons fait faire le serement. — 29 avril 1427. (Y 5228.)

1. Cf. avec le numéro précédent.

124. — Comme despieca Perrin Nuion, clerc, nous eust requis estre receu à estat de procureur es auditoires des auditeurs du Chastellet, pour quoy nous eussions commis les advocas du Roy oud. Chastellet pour examiner et interroguer led. Nuion et nous rapporter ce que de lui auroient trouvé, au rapport desquelz nous eussions ordonné que led. Nuion serviroit encore et aprendroit le stile dud. Chastellet, et il soit ainsi que depuis nagueres led. Nuion soit revenu devers nous, ait fait sa requeste comme devant, oui quoy, nous avons de rechief commis lesd. advocas du Roy pour le examiner et interroguer derechief sur sa souffisance, ce qui par eulx a esté fait, nous, considerée lad. requeste et oyz lesd. advocas... et leur rapport..., avons fait et led. Perrin avons receu... aud. estat de procureur esd. auditeurs et lui avons fait faire le serment acoutumé, et oultre, lui avons enjoint qu'il prengne le double des ordonnances du Chastellet touchans led. estat, ace qu'il n'ait cause d'ignorance d'icelles ordonnances. Fait par mons. le prevost. — 18 juin 1427. (Y 5228.)

125. — Entre Simon le Basennier, Guill. de Fontenay, Jehan Cousin, Jaques Braier et Simon d'Arquinvillier, procureurs ou Chastellet de Paris, appelans du prevost de Paris ou son lieutenant, et demandeurs en matiere de provision, d'une part; et Rolet Hubert, Loys Maillart, Loys Gasteau, Guill. le Comte et autres leurs consors, procureurs embas oud. Chastellet intimés et défendeurs à lad. provision, d'autre part; veu par la court le plaidoié, la requeste et conclusion du procureur du Roy et tout ce que lesd. parties ont produit à la fin de provision et, tout consideré, il sera dit que les parties produiront en la cause d'appel ce que bon lui (*sic*) semblera dedans xv jours, et bailleront contreditz et salvacions dedans le temps des ordonnances, et ce fait leur sera fait droit sur icelle cause d'appel..., et ce pendant, par maniere de provision, lesd. appelans pratiqueront et exerceront leur office de procureur oud. Chastellet, en l'auditoire d'en hault tant seulement, et lesd. intiméz et leurs consors en l'auditoire d'embas seulement et a défendu... la court aud. prevost ou son lieutenant... que doresnavant ilz ne reçoivent aucuns procureurs oud. Chastellet jusques ace que par lad. court autrement en soit ordonné. — 14 mars 1475 (n. s.). (Parl., Conseil, X[1a] 1486, fol. 264 v°.)

126. — La court... permect au prevost de Paris de pourveoir au fait des procureurs ou Chastellet de Paris et d'en recevoir ceulx qu'il trouvera estre expers souffisans et ydoines pour ce faire, appellez ses lieutenans les advocatz, procureurs et autres conseillers du Roy oud. Chastellet, non obstant les defenses, s'aucunes en ont esté faictes de par icelle court, et lui enjoinct lad. court que en ce faisant il s'i gouverne tellement que abuz n'y soient commis et que plaincte n'en viengne et qu'elle n'ait cause d'autrement y pourveoir. — Fait le xxiij decembre [1476]. (Parlement, Conseil, X[1a] 1487, fol. 134.)

127. — Sur la requeste baillée à la court par Loys Chevart, procureur du Chastellet de Paris, et par Jehan de Beaumont, clerc, suyvant la pratique dud. Chastellet, par laquelle ilz requeroient, attendu le grant et ancien aage dud. Chevart qui, à l'occasion de sa feiblesse et delibitacion, ne povoit plus bonnement exercer l'estat de procureur aud. Chastellet, qu'il pleust à lad. court permectre au prevost de Paris ou son lieutenant recevoir... led. Jehan de Beaumont, qui longuement á suivy la pratique oud. Chastellet et ouquel led. Chevart a entencion de aider à son povoir ou fait de lad. pratique et pareillement led. de Beaumont de aider et secourir aud. Chevart en sa vieillesse au mieulx que possible lui sera, au serement de procureur et de pratiquer es auditoires d'en haut d'icellui Chastellet, nonobstant certaines defenses faictes par lad. court au moien de certain arrest donné le xvme jour de mars mil IIII^{c} LXXIIII, apres que lad. court a commis commissaires pour parler aud. Chevart et à aucuns des advocatz et praticiens dud. Chastellet et qu'il est souffisamment apparu à lad. court de la foiblesse et debilitacion dud. Chevart qui est aagé de iiij^{xx} ans ou environ et que led. de Beaumont a par longue espace de temps suivy la pratique dud. Chastellet et de sa suffisance et experience, et apres qu'il a promis aider et secourir aud. Chevart au mieulx qu'il pourra et pour plusieurs autres causes et consideracions, lad. court a permis... aud. prevost de Paris ou son lieutenant de recevoir led. Jehan de Beaumont au serement de procureur oud. Chastellet et aud. de Beaumont, apres led. serement fait, de excercer led. estat de procureur es auditoires d'en hault d'icellui Chastellet non obstant lesd. inhibicions.... faictes de par la court, le xvme jour de mars mil IIII^{c} LXXIIII, et sans prejudice d'icelles en autres cas. Fait en Parlement, le xxme jour de mars. — 20 mars 1476 (n. s.). (Conseil, X[1a] 1487, fol. 37.)

128. — Sur la requeste baillé à la court par Regnault Gosset, procureur ou Chastellet de Paris, par laquelle et pour les causes plus à plain contenues en icelle il requeroit que certain arrest donné le xvj novembre derren. passé jà executé par maistre Jacques Chambellan, conseiller en lad. court, feust de rechief executé, et en ce faisant commandement estre fait au prevost de Paris ou à son lieutenant de permectre à icellui Gosset de pratiquer es auditoires d'en hault dud. Chastellet et estre faicte defense aud. lieutenant de par lad. court sur grosses peines de non-donner doresenavant aud. Gosset aucun empeschement et aussi enjoindre aux greffiers de enregistrer les expedicions des causes d'icellui Gousset, ainsi que des autres procès dud. Chastellet, non obstant les defenses qu'on dit à eulx avoir esté faictes par led. lieutenant, veue par la court lad. requeste, ensemble led. arrest et oy le rapport de certain commissaire commis... par lad. court à parler aud. lieutenant, et tout consideré, lad. court... ordonne que inhibicions et defenses seront faictes au prevost de Paris ou son lieutenant, à peine de xx marcs d'argent, de ne troubler doresenavant ou empescher en l'exercice de procureur es auditoires d'en hault ou Chastellet de Paris led. Gosset, et au greffier ou greffiers pareil commandement et sur semblables peines que dessus qu'ilz enregistrent les actes et memoriaulx des causes dont led. Gosset aura charge, tout ainsi que des autres proces d'en haut dud. Chastellet, et ce non obstant certaines defenses qu'on dit avoir esté faictes par le lieutenant civil dud. Chastellet aud. Gosset, de ne pratiquer et ausd. greffiers... de non enregistrer les causes dud. Gosset et non obstant opposicions ou appellacions quelzconques. — Fait le xix [mars 1485] (n. s.). (Parl., Conseil, X^{1a} 1492, fol. 93 v°.)

129. — Entre me Jehan Ferrant, procureur ou Chastellet de Paris (le nom de la partie, c'est-à-dire du procureur du roi, est en blanc), Sabrevois pour led. Ferrant dit pour sa demande qu'il est procureur en bas ou Chastellet de Paris où il a demouré xxx ans, et y a xxiij ans qu'il est procureur, or par les ordonnance et usaige gardés oud. Chastellet, quant ung procureur a esté longtemps procureur en bas, il doit monter en hault, s'est led. demandeur tiré vers le lieutenant du prevost par plusieurs... foiz, lui a requis qu'il lui permist de monter en hault et lui a remonstré le long temps que il avoit pratiqué et qu'il lui avoit promis le recevoir, or, il en est monté plus de cinquante en hault qui sont ou Chastellet depuis lui et, quelque diligence qu'il ait depuis sceu faire, ne lui a esté possible que led. lieutenant l'ait voulu recevoir procureur en hault et pource s'est tiré le demandeur en la chancellerie, a obtenu lettres adrecans au premier des conseillers [auquel] estoit mandé soy informer de la suffisance et temps dud. demandeur et, s'il apparessoit de l'usance et de la suffisance et temps dud. demandeur, faire commandement au prevost de Paris ou à son lieutenant de le recevoir, presenta ses lettres à Chauvreux qui les exhiba au lieutenant et lui dist qu'il le receust en hault, en fut le lieutenant refusant, parquoy en son reffuz dist qu'il se informeroit et se informa des choses susd. et de la souffisance dud. demandeur, ce fait, il fist savoir aud. lieutenant que il s'estoit informé et que, s'il vouloit veoir les informacions et recevoir le demandeur, il se deporteroit de passer oultre, delaya le lieutenant si appoincta Chauvreux qu'il seroit receu, dont le procureur du Roy ou Chastellet et le procureur de la communaulté appellerent, depuis le procureur de la communaulté a consenty que led. Ferrant feust receu, a esté dit par arrest qu'il seroit receu, et parce ne reste que au procureur du Roy, lequel n'a relevé son appel dedans trois mois ne long temps apres, et pource a led. demandeur obtenu lettres et l'a fait adjourner sur desertion d'appel, conclud que lad. appelacion soit declarée deserte et que la sentence dud. Chauvreux sortisse son effect, en cas de delay, il demande provision.

Carmonne, procureur général du Roy dit qu'il y a ordonnance confirmée par arrest touchant le nombre des procureurs du Chastellet, par laquelle il ne doit avoir que xxxij procureurs en hault et autant en bas, il y en a plus de viij^{xx} et, soubz umbre que la court a permis au prevost ou à son lieutenant d'y pourveoir quant le cas le requerra, led. demandeur, sans estre examiné par le lieutenant, a voulu monter en hault, en quoy n'a apparence, toutesfoiz on lui a offert l'appelacion mise au neant et qu'il feust examiné, ce qu'il n'a voulu faire..... Sabrevois, pour le demandeur, dit que le nombre n'a esté gardé, car le lieutenant a lui-mesme fait son clerc procureur en hault combien qu'il n'ait demouré six ans oud. Chastellet et pareillement plusieurs autres jusques au nombre de xxx qui ont esté procureurs en bas long temps depuis le demandeur, mesmement aucuns qui ont esté clercs dud. demandeur et, au regard de l'ordonnance alleguer, elle n'a esté gardée et est content le demandeur d'estre interrogué par telz qu'il plaira à la court et s'il est souffisant qu'il soit receu....., et, s'il estoit interrogué par le lieutenant, il ne le trouveroit ydoine, car il a la matiere affectée. Les parties mectront devers la court l'ordonnance, le proces verbal de Chauvreux, ce plaidoié et ce qu'elles vouldront au conseil surtout. — 20 mai 1493. (Matinées, X^{1a} 4834, fol. 317.)

Procureur du roi au Châtelet.

130. — Ce jour, honnorable homme et sage maistre Guillaume Serveau fu mis et institué procureur du Roy, nostre sire, ou Chastellet de Paris, par le procureur general du Roy, presens à ce mons[r] le Prevost de Paris, maistre Jaques de Ruilly, maistre Simon Beson, maistre Andry Le Preux et toute la court bien garnie. Et fist le serment acoustumé. — 29 février 1396 (n. s.). (Y 5220, fol. 136 v°.)

131. — Substitucion pour le Roy.

Au jour d'ui, honorable homme et sage maistre Guillaume Cerveau, procureur du Roy, nostre sire, en son Chastellet de Paris, occupé de pluseurs grosses causes et besongnes touchans led. seigneur, et à ce que, quant il sera absent de nostre auditoire, les droiz et causes touchans le Roy, soient mieulx et plus seurement gouvernées et poursuies, a substitué en lieu de lui Jehan Morsin, procureur general en la court de ceens, au quel il a donné povoir de plaider, etc., requerir le droit dud. seigneur, soy adjoindre en toutes causes qu'il pourra, saura et orra où le Roy pourra avoir droit et proufit et generalement, etc... Et ce fait, nous lui avons fait faire le serment, etc. — Lundi 19 juin 1396. (Y 5220, fol. 234.)

Prodigue.

132. — A la requeste de maistre Guy Brochier et Pierre Compains, freres, à cause de leurs femmes, Jaquot Guillaume, frere, Oudin Guillaume, idem, Colin Guillaume, idem, c'est assavoir freres germains, et maistre Jaques Dufour, cousin de Jehannin Guillaume, disans que led. Jehannin est homme de bien petit gouvernement, maintenant une jeune femme à pain et à pot, et telement soy gouvernant que, se provision n'est mise en ycellui, il pourra grandement diminuer sa chevance, nous avons commis noz amez maistres A. de la Porte et D. Nicolas et chascun d'eulz ou l'un d'eulz à soy informer de ce que dit est et à nous r[apporter], afin de pourveoir au gouvernement dud. Jehannin et ses biens, selon ce que nous verrons estre à faire de raison. — Samedi 16 décembre 1482. (Y 5224, fol. 144 v°.)

Quinquenelle.

133. — Mardi 27 juin 1396.

Oy le plaidoié huy et autresfoiz fait en jugement pardevant nous entre messire Nicole Hua, prestre, d'une part, et Guillaume Rose, d'autre part, sur ce que, à l'encontre de certaine execucion requise sur lui, à la requeste dud. prestre, de la somme de cinq fr., en quoy par lectres obligatoires faites et passées soubz le seil de la Prevosté de Paris, et pour les causes en ycelles contenues ycelui prestre disoit led. Rose estre obligé envers lui, il s'estoit aidié et encore aide pardevant nous de certain rescript royal en forme de quinquenele, en requerant l'enterinement d'icelles, ledit prestre disant au contraire pour monstrer que lesdictes lectres de quinquenele ne devoient ne povoient avoir lieu en ceste matiere, que il estoit vray que bonement avoit-il requis execution sur led. Rose et ses biens de lad. somme de cinq fr., par vertu desd. lectres obligatoires, etc., et que contre ycelle execucion led. Guillaume Rose s'estoit opposé, obstant laquelle opposition jour lui avoit esté donné et assigné pardevant nous, pour soustenir et declarer sad. opposition, et que à ycelui jour ou à un autre concecutif et dependant d'icelui il, en soustenant sad. opposicion, avoit proposé certains paiemens avoir esté faits dud. deu aud. messire Nicole, pour quoy, oy le propos desd. parties, nous ycelles eussions lors apointées en fait contraire, c'est assavoir à bailler et jurer à certain jour pieça passé; auquel jour ou autre consecutif d'icelui led. Rose n'eust aucune chose baillé, maiz se feust laissé mettre en deffault, et depuis eust esté adjournéz sur le profit d'icelui et eust esté mis en second deffault, et ainsi disoit que par vertu dud. deffault à jour de bailler, au moins par vertu d'iceulx deux deffaultz prinz sur lad. assignation de bailler, etc., et de l'usage et stile de la court de ceens dependans d'iceulx deffaulz, led. Rose estoit decheu de sa cause et avoit ycelle perdue; et si disoit oultre que par iceulx mesmes usage et stile, se une partie, soit demanderesse ou défenderesse, met en necessité de frait et despense sa partie adverse par aucun fait contraire ou autrement, et depuis taisiblement (?) par requerant l'enterinement d'unes lectres de respit, il confesse le propos et la debte de sad. partie adverse, en ce cas jamais elle ne sera à recevoir à soy aidier d'aucun rescript en forme commune et mesmement quant en son rescript n'est aucunement exprimé l'estat de la cause; or disoit ycelui prestre que ou cas present led. Rose n'avoit aucunement exprimé la maniere comment il avoit proposé paiement, etc., et comment il avoit esté mis en deux deffaulz, par le moien desquelz et dud. usage et stile il estoit decheu de ses paiemens et du proufit de sa cause, et si avoit mis led. prestre en necessité de frait et despense, etc.; concluant tout particulierement (?) afin que les lectres dud. Rose ne lui feussent enterinées et par sequele que, par vertu desd. deffaulx, etc., lad. execucion feust dicte bonne et valable et comme tele faicte et parfaicte, etc., et led. Rose condempné ès despens, etc. Led. Rose repliquant au contraire que, de raison escripte, rescrips en fourme de quinquenele se povoient appliquer à toutes debtes, mesmement non previlegiées, et que, supposé que partie adverse à jour de bailler eust obtenu aucuns deffaulx, toutevoies aucune sentence ou declaracion ne s'en estoit ensuie, ne aucune sentence donnée sur ce, en disant oultre que les usage et stile bablisez par vertu adverse ne se entendoient point, fors es cas où declaracion ou sentence se estoient ensuies, etc., ce qui n'estoit en ceste matiere, etc.; concluant comme dessus, et, après ce que partie adverse ot offert aud. Rose que, se il se vouloit deporter de sad. quinquenele, encores souffreroit-elle que il feust reçeu à prouver les paiemens par lui proposéz, non obstant lesdiz deffaulx, en refondant seulement les despens d'iceulx deffaulx, dont il ne volt requeste faire; et par ce veismes que malicieusement et quasi frauduleusement led. Rose procedoit en ceste matiere. Nous, ce consideré, et tout veu, par l'opinion d'aucuns des assistans à la court, deismes et disons que les lectres de quinquenele dud. Rose ne lui seront point enterinées ne acomplies, maiz d'icelles le deboutons, sauf tant que, non obstant lediz deffaulx, nous, du consentement dud. prestre, le recevons à prouver sesdiz paiemens, se bon lui semble, tous despens reservéz en diffinitif. Fait present led. Rose en personne, d'une part, et Gros procureur dud. prestre, d'autre; dont led. Rose a appellé en Parlement. — (Y 5220, fol. 240 v°.)

Recel de biens confisqués.

134. — Sur le débat et discort meuz pardevant nous ou Chastellet de Paris entre le procureur du Roy nostre seigneur oudit

Chastellet, pour et ou nom dudit seigneur, d'une part, et Aelips, vefve de feu Jehan d'Auvergne, dit Motel, en son vivant peletier, d'autre part, pour raison du recelement fait par ladicte Aelips de certains biens, c'est assavoir cent et cinquante francs en deniers comptans, et neuf marcs d'argent en vesselle et en sainctures d'argent, demourés du deces dudit deffunct, et qui communs estoient entre lui et ladicte Aelips aux jour et heure du trespassement dudit deffunct, la moitié desquelz ledit procureur du Roy pretendoit appartenir audit seigneur par confiscacion, duquel recelement ladicte Jehanne avoit et a obtenu remission du Roy nostre seigneur, et sur ce estoient les parties en procès par devant nous, savoir faisons que, pour yceulx eschever, traitié et accordé a esté entre elles, et de leur acort et consentement et mesmement dudit procureur du Roy, lui eu sur ce avis, conseil et deliberacion avecques les avocas et conseillers du Roy nostre seigneur oudit Chastellet, et aussy du consentement et conseil des trésoriers de France à nous raporté par ledit procureur, et aprèz ce aussy qu'il lui est apparu la partie acteresse avec lui en ceste cause avoir esté contentée de la moitié desdiz biens recelés à lui appartenant, avons dit et ordené que de et sur lesdiz deniers et biens que ledit procureur du Roy pretendoit appartenir audit seigneur par ledit recelement qui fait la moitié, montant soixante quinze frans et quatre marcs et demi d'argent, la moitié qui fait la quarte partie, montant ycelle quatre partie trente sept frans et demi et deux marcs, et un quart d'argent pour la quarte partie du total desdiz neuf marcs d'argent, seront bailléz, delivrés et convertiz au prouffit du Roy nostre seigneur, et l'autre moitié qui fait le quart du total à ladicte vefve, et par tant nous ycelles parties avons mises hors de court et de procès, senz jor, sanz terme et senz amende, pourveu que ladicte vefve verifiera de sa bonne renommée. Fait parties presentes 1398/9. — 3 mars. (Y 5221, fol. 123 r°.)

Rente foncière.

135. — Au jour d'ui, Jehan Cresçon, qui estoit appelléz par devant nous à la requeste de Nicolas Legras, procureur maistre Evrart de Coucy, auquel ledit Crescon a vendu certaine maison nagaires à lui appartenant, chargiée en certainne rente declarée es lectres, etc., pour venir dire et declarer les noms des censiers prenans rente sur ycelle et les quantités des rentes qu'ilz y prennent, pour ce que ilz ne sont pas nomméz ne declaréz es dites lectres sur ce faictes, bailla par declaracion en jugement par devant nous les noms et seurnoms des censiers prenans rente en et sur ladite maison et les rentes qu'ilz y prennent, selon le contenu en certaine cedule de parchemin contenant ceste fourme. Ce sont les noms et seurnoms dez censiers qui ont droit de prendre rente par an, tant sur la maison Jehan Crecon que sur celle qu'il a vendue à maistre Evrart de Coucy, lesquelz noms, avec la quantité dez rentes qu'ilz prennent sur ladite maison, ledit Crescon bailla par declaracion audit maistre Evrart par protestacion : Primo, Regnier Manet par an liij s. iiij d. Item, Pierre Aurillet, xxvj s. viij d. par an, etc. — 22 novembre 1395. (Y 5220, fol. 69 v°.)

136. — En la presence et de l'acort de Jehan Bultel, ou nom et comme procureur dez religieuses cordelieres de Saint-Marcel, qui s'estoient opposéz aux criées et subzhastacions faites de par le Roy nostre sire dez heritages Jehan Morgant, criéz à la requeste de Phelipot de Braban, laquelle opposicion ycelles religieuses avoient declarée pour iiij liv. de rente et vij liv. d'arrerages au temps de lad. opposicion baillée, d'une part, et de Gras, procureur dud. Phelipot de Braban, d'autre, dit est que le decret desdiz heritages sera adjugé à l'acheteur, à la charge desd. iiij liv. de rente, et que, pour lesd. sept livres d'arrerages, lesdites religieuses vendront à contribucion sur le pris, etc., les despens dez criées premiers prinz et paiéz, pour ce que le droit desd. religieuses et dud. Phelipot sont d'une mesme condicion. Fait par monsegneur. — 13 décembre 1395. (Y 5220, fol. 85.)

137. — Ce jour, Robert de Gransert disant que il tenoit à tiltre de louage une chambre estant en certain hostel que l'en dit appartenir à Aubertin de Couloigne, pour le pris et somme de lxxij s. par an, qu'il en avoit promis paier audit Aubertin par chacun an aux iiij termes, etc., et que plusieurs censiers et rentiers prenans rente s'estoient efforciéz et efforçoient sur ycellui chacun jour gager et prendre gages aud. hostel pour leurs diz cens et rentes, consina en la main de nostre amé Fresne xxxvj s. par. par lui deubz d'arrerages, etc., des termes. — 10 mars 1396 (n. s.). (Y 5220, fol. 148.)

138. — Consideré que messire Guillaume Le Rat, prestre, procureur de Nicolas Giffart, orfevre et bourgois de Paris, en la presence de Jehan Chandelier, procureur aussi dudit Nicolas, contre lequel Jehan Du Val par Robert Du Val, son procureur, faisoit demande en cas d'eritaige, et afin de garnir et de quicter une maison à deux pignons et toutes ses appartenances, ainsy comme tout se comporte, qui jadiz fu audit Robert Du Val, depuis derrenierement et nagueres à feu Jehan Vasse et sa femme, dont veue a esté faicte en ceste cause, assise a Paris prèz de l'eglise Saint-Lieffroy, au bout du grant pont de Paris et du pont aux musniers, tenant, d'une part, à Jehan Joliz, orfevre, et, d'autre part, faisant le coing dud. pont aus musniers, aboutissant par derriere à Margot la Baillete et à la riviere de Saine, pour xiij liv. par. de rente annuelle et perpetuelle que led. Jehan Du Val a droit de prendre et percevoir par an aus quatre termes sur lad. maison, et pour deux termes d'arrerages qui, à cause d'icelle rente, estoient deubz au commencement du plait, qui commença ou moys de mars l'an mil CCC IIII[xx] et treize avant Pasques, et pour ceulx qui depuis sont escheuz, et en laquele maison lesdiz procureurs dud. Nicolas disent ycelui Nicolas avoir droit et cause, et estre aussi en saisine et possession de prendre par an, par la maniere que dit est, sur lad. maison, qui estoit premier et avant cellui dud. Jehan Du Val, si comme ilz disoient; et sur ce tant avoit esté procedé et alé avant entre lesd. parties que, aprés pluseurs delays, tant de amener leurs garans comme autres, elles avoient esté appointées à bailler par escript devers la Court leurs fais et raisons, plaidoiéz, nyéz d'une part et d'autre, en demandant dud. Gras (*sic*) ou nom que dessus, et en deffendant dud. Chandelier oudit nom, jurer et dire les veritéz sur yceulx par devant certain commissaire donné de nous en lad. cause; aprés ce qu'il est apparu aud. messire Guillaume oudit nom du droit dud. Jehan Du Val, il n'a plus voulu perseverer en ses deffenses contre ycellui Du Val, en demandant temps de garnir ou de quicter lad. maison; et, tout consideré, nous avons decleré le droit dudit Du Val estre premier et avant constitué sur lad. maison que le droit dud. Nicolas Giffart, et ycelui dud. Giffart estre derrenier et aprèz cellui dud. Du Val, et pour ce nous avons condempné led. Giffart, presens lesdiz procureurs, à garnir ou quicter lad. maison pour le droit, rente et arrerages dud. Du Val, et pour ce faire lui avons prefix temps de xl jours, lequel temps passé, ou cas où dedenz icelui il n'aura garny lad. maison, nous des maintenant pour lors adjugons aud. Du Val tout le droit dud. Giffart, et oultre condempnons ycellui Giffart ès despens de ceste cause tauxéz du consentement desd. parties à quatre escus. Fait presens les procureurs dessus nomméz esdiz noms. — Mercredi 19 avril 1396. (Y 5220, fol. 182.)

139. — De l'accord de maistre Guillaume d'Espinoy, advocat en court laye, qui est appelé par devant nous à la requeste de Guill. Seguin et de Marie sa femme, à fin de rachat de 6 l. p. de rente, à la quele rente led. Espinoy avoit baillé à yceulx mariéz une petite maisonnete, jardinet et aisement que led. Espinoy tenoit... au temps du bail en la rue de Trasse-Putain...... pour lesd. vj l. de rente et xviij d. de fons de terre par condicion que lesd. mariéz porroient ravoir et racheter ycelles vj l. de rente dedans iiij ans, à compter de la date du jour dud. bail qui fut fait en novembre IIIIxx XIIII, le xe jour, nous ycelles vj liv. de rente, veues lesd. lettres, avons adjugées par rachat auxd. mariéz, parmi ce que ilz ont paié et contenté ycelui d'Espinoy du pris pour le quel ilz le porroient ravoir, c'est assavoir xiij l. t. la livre par les mains de nostre amé Fontaine, en qui main comme de justice lesd. denrées estoient consinéz par yceulx mariéz, ensemble des arrerages qu'ilz en devoient..... — 13 novembre 1398. (Y 5221, fol. 13.)

140. — Item, cedit jour de relevée, Jehan le Tessier, dit le Clerc, en la presence de Barthelemy Palissaret et Adeny du Puis, tuteurs et curateurs des enfans mendres d'ans de Nicolas du Puis, curateur aussi avec eulx d'iceulx enfans, a consiné en main de justice en la main de nostre amé Fresnoy la somme de iij escus d'or pour le rachat de la quarte partie de xx s. de rente appartenant auxdits meneurs que ledit Tessier puis deux ans en ça vendit à feu Jehan de la Fournaise et sa femme, à present femme de honorable homme et saige, maistre Jehan de Poupaincourt, à rachat de deux ans et à tous ses bons poins, requerant de ce avoir acte. Le samedy iiij de janvier ensuivant, lesdits curateurs reçurent ladicte somme et consentirent audit Tessier ledit rachat au rapport de eulx. Fait par Drouart tenant le siège. — 10 décembre 1398. (Y 5221, fol. 46 v°.)

141. — Au jour d'ui, Thomas le Tuillier, demourant à Vitry, qui pieça avoit vendu à Jehan Taconneau, notaire du Roy n. s. au Chastellet, 4 liv. p. de rente sur tous ses biens et heritages parmi certain pris et somme de den..., lesquelles 4 liv. il povoit racheter dedans le jour d'ui..., pour ce que il n'a peu ne povoit trover led. T. pour lui bailler... led. pris, a consigné en main de justice la somme de 40 escus en blanc de 8 den. p. pièce, afin de obtenir aud. rachat, offrant à parfaire, etc. Et ce fait, Jehan le Pileur, sergent de la douzaine, nous a rapporté que led. jour, environ iiij heure après midi, de commandement de maistre Jehan Truquan, il s'est transporté en l'ostel dud. Taconneau, au quel, à la presence de sa femme, il avoit fait commandement que tantost et senz delay il feust et comparust pardevant nous pour veoir faire lad. consignation. — 22 juillet 1399. (Y 5222, f. 69.)

Le mardi ij^e jour de decembre, l'an mil CCC IIII^xx et XIX, led. Taconneau pour ce present en jugement, pardevant nous se consenti aud. rachat, present led. Tuilier, consentant ses den. à lui estre baillez avec ses loyaulz coustemens et à ce faire et rendre les lettres dud. achat par lui baillées, les den. estans es mains de justice avec ses loiaulz fraiz, l'avons condamné..... (*Ibid.*)

142. — Du consentement de Garnot de Trec contre lequel et demoiselle Tassine Vala, sa femme, Mathe Coluche faisoit demande... à ce qu'il feust condempné à descharger la maison où pend l'enseigne du Chappeau-Rouge assise en la rue St-Martin..., à lui pieça vendue par lesd. mariéz, de xij l. de rente que pretendent avoir droit de prendre sur ycelle... dont ilz ont obtenu sentence contre led. Mathé, et à lui rendre... les arrerages que il lui avoit esconvenu paier....., nous aud. Mathé avons adjugé sad. demande...... — 20 mai 1399. (Y 5222, fol. 10 v°.)

143. — En la presence et du consentement de Mathé Coluche, à la requeste duquel et du procureur du Roy demoiselle Tassine Valée avoit... esté emprisonnée ou Chastellet pour ce que elle et Garnot Detrée, son mari, avoient vendu une maison assise à Paris, en la rue St-Martin..., à la charge de xxvij l. p. de rente seulement, teu vj l. de rente dont elle est chargée oultre et pardessus lesd. xxvij l. de rente... — Année 1399. (Y 5222, fol. 10.)

144. — De l'acord de Jehan Picart, procureur Geraudon Jourdain, d'une part, et de Villemeneur, procureur sire Nicolas de Mauregart, d'autre, tous deux censiers de une maison assise en la rue Guerin-Boisseau, que l'en dit appartenir à Jehan Piot, laquele est wide et non habitée, ordoné est senz prejudice que lad. maison sera louée comme par la main du Roy par Garneau Jargneau, sergent à verge, le plus proufitablement que appartendra..., à la conservacion de qui il appartendra, et les deniers tenus en la main dud. sergent à la conservacion que dessus. — 28 juin 1402. (Y 5224, fol. 60 v°.)

Rente viagère.

Rachat de rente viagère.

145. — Au jour d'ui, noble homme mons. Evrart Robert, chevalier, disant que il avoit pieça vendu à feu maistre Pierre Blanchet, en son vivant conseiller du Roy..., xx l. p. de rente à vie, pour lesqueles racheter il lui avoit donné temps qui encores n'est fini, a consigné ès mains de Denisot Santel, orfevre, comme en main de justice en l'absence de damoiselle Guillemete de Victry, vefve dud. deffunct en son nom et comme ayant la garde de ses enffans et enffans dud. deffunct que il avoit fait appeller sur ce, la somme de 150 fr. en blans de 8 den. p. piece pour obtenir au rachat de lad. rente..... — 25 mars 1402 (n. s.). (Y 6223, fol. 39.)

146. — En la presence de Jehan le Gros, procureur des religieus de Ste-Geneviefve ou mont de Paris, qui, passé a un an, avoient demandé aux XVxx de Paris que ilz meissent hors de leur main iiij liv. p. de rente constituée sur une maison assise en la rue Pavée vers la place Malbert estans en la censive desd. religieux... et lesquelz religieus l'an passé, pour ce que lesd. XVxx n'avoient pas mis hors de leurd. main lesd. iiij liv. de rente, avoient... assis leur main en et sur lesd. iiij liv. de rente et ycelles exploitié, d'une part, et de Flobert, procureur desd. XVxx, disant lesd. iiij liv. de rente depuis led. an avoir mis hors de leurd. main..., et par ce requerant lad. main estre levée et estre restitué des arrerages... mesmement que elle estoient tenues en censive et non en fief d'autre, nous, led. cas mis en termes en la presence dez assistens, avons dit... par leur opinion que la main desd. religieux mise esd. iiij liv. de rente sera levée, et les condamnons à rendre les arrerages par eulx perçus..... dont mess. R. de Fresnes, comme procureur desd. religieus, avant le lever de notre siege, appela en Parlement. — 7 juin 1402. (Y 5224, fol. 41 v°.)

Répit (Lettres de).

147. — Au jour d'ui, pour ce que Quesnet, procureur Raoulin de la Chaucée, n'a sceu empeschier l'enterinement des lettres royaulx en forme de respit d'un an impetrées par Jehan Marceau par le moiens declaréz en ycelles.., nous avons dit... que elles seront enterinées et, en ycelles enterinant, que led. Marceau aura le terme declaré en ycelles à la caution de Aleaumet la Mousche... — 3 juillet 1409. (Y 5227.)

Requêtes du Palais.

148. — Combien que samedi derrenierement passé nous eussions respondu à Robert Du Buissel, huissier de l'auditoire dez Requestes du Palais, qui nous avoit fait commandement par vertu de certaines lectres royaulx données ou moys de septembre derrenierement passé, adreçans au premier huissier ou sergent, etc., par lesquelles toutes les causes personneles de Jehan de Laigny, eschançon du Roy et contreroleur general dez aides ordonnez pour la guerre, que la cause personnele pendante par devant nous entre Pierre Aluart et sa femme, d'une part, et led. de Laigny, d'autre, nous renvoïssions en l'auditoire desd. Requestes, et que nous parlerions à nosseigneurs desd. Requestes, pour ce que par opinions nous avions trouvé que de lad. cause, qui estoit reele et non personele, nous ne devions faire aucun renvoy, pour leur m[ontrer] comment d'icelle cause nous ne devions faire aucun renvoy, et qu'il retournast à un autre jour, et que nous lui respondrions tant que il devroit estre content; neantmoins au jour d'ui, pour celle mesmes cause, s'est apparu en jugement par devant nous led. Jehan de Laigny en personne, et Jehan Du Chastel, huissier desd. Requestes, qui, par vertu desd. et du commandement de bouche à lui fait par lesd. gens des Requestes, et à la requeste dud. de Laigny, nous a derechief fait commandement que lad. cause nous renvoissions *ut supra*. Et, ce fait, nous lui respondismes bien courtoisement que, pour aucuns empeschemens de nopces et autres que le jour d'ier nous avions eus, nous n'avions eu loisir de aler devers lesd. dez Requestes, mais que au jour d'ui nous irions et demain nous respondrions tant qu'il devroit suffire, lequel par une maniere assez estrange nous respondit que nous n'y parlerions jamaiz, se nous ne voulions, et que nostre response sentoit delay, et pour ce renvoioit et de fait renvoia lad. cause par devant lesd. gens des Requestes, à certain jour avenir. Ce fait, le interrogasmes se il avoit povoir de ce faire, lequel nous respondit que il avoit commandement de bouche de messeigneurs desd. Requestes, et que par vertu d'iceluy il faisoit led. renvoy, en multipliant par lui à autres paroles et disant que nous avions la dent à lui et en parlant maugracieusement à nostre personne et en nostre auditoire, pour laquele cause le procureur du Roy, pour et ou nom dud. seigneur, fist certaine conclusion afin de amende contre led. Du Castel, auquel nous assignasmes jour à viij^{ne} avenir de lui defendre la requeste et les conclusions dud. procureur du Roy. Et ce fait, led. procureur disant que, veu le mandement dud. huissier, par lequel apparoit que seulement les causes personeles dud. de Laigny estoient et sont commises auxdiz dez Requestes, et non ses causes reeles, actendu aussi que l'action et la cause qui estoient pendante par devant nous entre lesd. parties, et sur laquele led. de Laigny estoit evoqué par devant nous estoit et est reele, et que ycelui huissier n'avoit aucun povoir par escript de povoir faire led. renvoy, sentant en ceste partie la jurisdicion du Roy en la court de ceens, appellera en Parlement dud. renvoy. — Lundi 18 novembre 1409. (Y 5227.)

Retrait.

149. — A la requeste de Oudart de Tavernay disant que, depuis un an ença, il a acheté de Susanne La Tripete, orfavarresse, une maison assise devant Saint-Lieffroy du costé de devers l'escorcherie, tenant d'une part à Matherin de La Chaussée, et d'autre à Jaques Rose, en partie, aboutissant par derriere à Jehan Caboche, en laquele maison esconvient faire plusieurs refections et reparacions necessaires pour le soustenement et habitacion d'icelle, et à faire partie desqueles il est contraint, si comme il dit, lesqueles refections il n'ose faire sanz nostre congié, pour doubte du retrait, etc. Nous avons commis nostre amé Haye examinateur, etc., pour faire faire lesd. reffections comme par la main du Roy nostre sire, et prestera led. Oudart les deniers, etc., sauf à recouvrer, etc. — 24 avril 1396. (Y 5220, fol. 188.)

150. — A la requeste de Thierry Busque, queu de mons^{r} de Bourbon, disant que nagueres il a acquis et acheté de Pierre Roussel et sa femme une maison assise en la ville de Bougival, et que en ycelle esconvient fere plusieurs réparacions necesseres, *propter habitacionem domus*, lesqueles il n'ose fere senz auctorité de justice, nous avons commis Oudenet de Lourme et Jehan le Maire, demourant audit Bougival, à fere fere comme par la main du Roy lesdictes reparacions, senz lesqueles l'en ne pouvoit bonnement habiter ycelle maison. — 1398/9, 18 mars. (Y 5221, fol. 141 v°.)

151. — A la requeste de Raalet Aimé (?), poissonier, qui a acheté depuis trois moys ença de Jehan d'Authun, chappellier, deux maisons entretenans assises à Paris en la rue des Barres, prez de la porte Baudoyer....., en laquele esconvient plusieurs reparacions necessaires pour le soustenir et habiter qu'il n'ose faire pour doubte de l'eviction..., nous avons commis Gauchier Colet, sergent à verge, pour faire veoir lesd. acquisicions, et ce fait pour faire lesd. reparacions... — 1399. (Y 5222, fol. 155 v°.)

152. — A la requeste de Jehan du Tertre, escuier, eschançon du Roy, qui depuis Pasques ença a aquis... des heritiers feu sire Jaques Regnart une maison assise à Paris..., en laquele esconvient faire... plusieurs refections et reparacions... que il ne oseroit faire [sans] auctorité de justice pour doubte de retrait ou que autrement ne lui soit retraitte, nous avons ordené que Philippot Galyot, sergent de la douzaine..., fera veoir et visiter led. hostel par maçons et charpentiers juréz pour savoir [quelles] reparacions y sont necessaires..., lesquelz feront leur rapport, et ce fait fera led. escuier faire lesd. reparacions, etc., et prestera les deniers, etc., sauf à recouvrer ou cas, etc. — 6 juin 1402. (Y 5224, fol. 41.)

Saisie-exécution.

153. — Comme plait... soit meu... entre Alain de la Raisonnaye..., Richart Maillé et Guill. Coutain, sergens à verge ou Chastellet de Paris, d'une part, et Jehan Cosson, d'autre part, sur ce que led. Jehan disoit que le jeudi xxj^e^ jour du moys de mars l'an mil CCC quatre vins, lesdiz Richart, Maillé et Guillaume Prodomme vindrent en son hostel à Paris et le vouldrent executer de la somme de xxiiij fr. d'or à laquelle exequcion led. Jehan s'opposa, et, avant que ilz le voulsissent recevoir à opposicion, il convint que il leur garnist la main de lad. somme, et ce fait ilz lui donnerent jour pardevant un auditeur de Chastellet de Paris pour dire la cause de son opposition..... — Accord homologué le 31 mars 1382 (n. s.). (X^1c^ 44.)

Sceau (Révocation de).

154. — Au jour d'ui, Nicolas de Baillon, receveur de la marchandise des harens et poisson de mer venduz, amenéz et descenduz en la ville de Paris, disant que led. jour d'ui, environ l'eure de midi, il avoit et a perdu son scau, duquel il usoit ou fait de lad. recepte, ouquel est empraint un escu à une croix et quatre coquilles es quatre quartiers dud. escu, et le non d'icellui Nicolas autour dud. escu, a revocqué et rappellé led. seel, à ce que, pour cause d'icellui, il ne puist encourir en aucun domage ou temps advenir, en nous requerant de ce avoir acte, sy lui avons octroyé ces presentes. — Mardi 4 juillet 1396. (Y 5220, fol. 247 v°.)

Scellés (Levée de).

155. — En la presence et du consentement de Durand, procureur Pierre Galiot, d'une part, et de Guill. Chiefdeville, procureur Jehan Wat..., d'autre, à la requeste desquelz la maison où demouroit Jehan de Pithy avoit esté et estoit seellée que ouverture en sera faite par J. Lobigoiz, sergent à verge, que nous commettons à ce, et les biens trouvez en ycelui comis en main de justice senz prejudice desd. parties et de leur plait. — 1399. (Y 5222, fol. 149 v°.)

Scolarité.

156. — Veues lez lettres du Recteur de l'Université de Paris données soubz le seel d'icelle rectorie, le iiij[e] jour de ce present moys, par laquele il nous certifie qu'il lui est deuement apparu de la vraye scolarité de Jehan Robert, nous avons ordonné, present Colin Drouart, procureur Jehan de Boncourt, escuier, etc., que les parties procederont en la cause pendante par devant nous entre ycelles parties, nonobstant la seurseance autresfois faicte de nous en ycelle, en obtemperant aux autres lectres dud. recteur. Item, pareillement est ordonné en la cause dud. Jehan Robert contre Giles Robert. — Samedi 5 fevrier 1407 (n. s.). (Y 5225.)

Séparation de corps. Provision alimentaire.

157. — Oy le plaidoié huy et autres foiz fait en jugement par devant nous entre maistre Charles Du Poule, dit le Flament, d'une part, et demoiselle Perrenele sa femme auctorizée en ceste partie, d'autre part, pour raison de la demande faicte par ladicte demoiselle contre sondit mary, à ce que par nous il feust... condempné et contrains à la prendre avec lui comme sa femme, et pour le servir, se mestier en estoit, ou au moins lui querir ses vivres, vestemens, alimens et necessitéz, mesmement qu'il n'y ot oncques separacion entre eulx, et des defenses proposées au contraire par led. maistre Charles, tant à fin de non recevoir comme autrement, nous, consideré que led. maistre Charles ne a fait aucune foy de lad. separacion, combien que à ce faire il [eust] esté et feust astraint par apointement, et tout veu, avons dit et disons que pendant ce procès, provision sera faicte ycelle faisant à lad. demoiselle de et sur les biens de sondit mari, senz prejudice et jusques à ce, etc., si comme requis avoit esté par elle, de laquele ordenance ou apointement led. maistre Charles a appelé en Parlement. — Mardi 13 juin 1396. (Y 5220, fol. 730.)

158. — En la presence de Jehan de Nerbonne, d'une part, et de Jehanne de Nerbonne sa femme, d'autre, entre lesqueles parties est debat en cas de divorce et de separacion en la court de l'eglise, et ceens pour raison de la provision requise dess... sur les biens communs, qui sont arrestés et parties engaigés par led. de Nerbonne, ordonné est, senz prejudice, que sur les biens communs d'icelles parties, les biens appartenans à certains mineurs enfans dud. de Nerbonne et de sa premiere femme, premierement prinz et detraiz, seront à chascune desd. parties par provision baillés. — Jeudi 27 juillet 1402. (Y 5224, fol. 80 v°.)

Sergents du Châtelet.

159. — De l'acort et consentement de Jehan Marsin, procureur des religieuses, abbeesse et couvent de Montmartre, nous ycelles religieuses avons condempné et condempnons envers Robert Guerart, sergent à cheval, etc., en la somme de troiz escus d'or à la couronne, à lui deubz pour son salaire deservi à avoir esté besoigner pour lesd. religieuses en son office de sergenterie, sauf aud. sergent de en demander plus, se plus lui en est deu, et auxd. religieuses leurs defenses, etc., senz despens, excepté l'escripture et seel, etc. — 6 mars 1396 (n. s.). (Y 5220, fol. 143.)

160. — Ce jour, Henry Lenfant, sergent d'armes du Roy, nous relata de par le Roy que il vouloit que ses varlés d'aumosne eussent l'office de sergenterie à cheval dont ilz contendent que souloit tenir et occuper feu Pierre le Fevre. — 7 juin 1399. (Y 5222, fol. 25 v°.)

Sergents à verge.

161. — Ce jour, à la requeste de Bernard Huchier, maistre de la confrarie dez sergens à verge du Chastellet de Paris, et de aucuns autres sergens à verge dud. Chastellet, disans que ilz avoient lettres du Roy par lesqueles le Roy leur avoit donné congié de eulx assembler pardevant nous ou autre officier du Roy à ce commis de nous pour faire procureurs à garder et poursuir les drois de leurs offices et de leur confrairie, nous auxd. sergenz avons donné congié de eulx assembler pour ce faire pardevant le procureur du Roy et nostre amé Fresnes s'il appert desd. lettres... — 8 juillet 1399. (Y 5222, fol. 48.)

162. — Du consentement de Jehan Garnier contre lequel Robin de Molinet faisoit demande... à ce qu'il feust condamné à oster l'empeschement qui mis lui estoit en l'institution et excercice de l'office de sergenterie à verge du Chastellet à lui resigné par led. Garnier, moyennant certain pris convenu entre eulx qu'il en avoit eu et receu de lui jusques à ce que led. Garnier eust paié les droiz de confrarie et institucion dont il est tenuz, nous, led. Garnier avons condamné à paier un royal qui fait xiiij s. p., le droit de confrarie dont il est tenuz pour son entrée et led. Rolin viij s. pour les droiz d'institution. — 16 septembre 1399. (Y 5222, fol. 104.)

163. — De l'acord et consentement de Jehan Cordray (?), d'une part, et de Colin Boisset, varlet d'aumosne du Roy n. s., d'autre part, entre lesquelles parties estoit debat... pour raison de l'office de sergenterie à cheval du Chastellet de Paris, donne à chascun... c'est assavoir aud. Boisset par le Roy..., le xix jour, et aud. Cordray par mons. le chancelier, le xviij^e jour dud. moys, ordené est que oud. office..., led. Boisset sera institué et ce fait ycelui office sera vendu à personne souffisante à l'exercice dud. office le plus proufitablement que faire pourra estre au proufit desd. deux....., des deniers de la vente duquel office chacun desd. parties aura la moitié, sauf tant que sur la partie et porcion desd. deniers qui appartendra aud. Boisset, ycelui Cordray aura..., oultre sa moitié, lj s. p. pour le seel qu'il a pris de ses lettres de don et par tant lesd. parties sont hors de plait... senz despens. — 1399. (Y 5222, fol. 68.)

164. — Au jour d'ui Oudin Porel, sergent à cheval, qui avoit esté commis de par le Roy à vendre la tonture et despuelle de huit arpens de boys, assis ou lieu dit Coudrel prez de Courtery....., a confessé avoir eu et reçeu de Jehan Du Seul, prevost de Chielle Sainte Baptour, la somme de 24 liv. par. pour la quele il avoit acheté la tonture et despuelle desd. boys..... — 1399. (Y 5222, fol. 137 v°.)

165. — Au jour d'uy Parfait Halle, sergent à cheval du Roy n. s., ou Chastellet de Paris, en plaidant sa cause à l'encontre de Guill. Fouquet, a confessé avoir marchandé avecques led. Guill. de faire... l'execucion que il lui avoit requis estre faicte sur Laurens Testart, de certaine somme de deniers..... parmy xij escuz sur quoy il avoit desjà receu dud. Guill. viij escuz tant sur son salaire par luy deservy pour cause de ce comme sur les missions par luy faites en ce faisant, dont led. Guill. a requis acte. — 28 mai 1401. (Y 5223, fol. 2 v°.)

166. — En la presence du procureur du Roy qui avoit fait... requeste... contre Jehan Bresteau, Guill. de la Planchete et Amaury le Fort, sergens à verge..., à fin de privacion de leurs offices et d'amende envers le Roy pour ce que par corrupcion d'argent, senz cause et senx informacion precedens, ilz avoient..... emprisonné es prisons du Chastellet, à la requeste Aymeri de Pontebié, un appelé Nicole le Barbier, oyes les justificacions desd. sergens disans que, à la requeste dud. Pont de Vié, ilz avoient quis par long temps led. mess. Nicole aval la ville de Paris, pour ycelui mettre en prison avec led. Pont de Vié pour avoir dud. Barbier asseurement et élection de domicile... le quel et led. Pont de Vié ilz avoient emprisonnés ensemble oud. Chastellet senz dol, senz fraude, senz collusion ou corrupcion aucunes, sauf que pour leur peine... et salaire led. Pont de Vié leur avoit paié v s. p., c'est assavoir à chascun xx d., nous, pour ceste foiz et senz prejudice des ordonances royaulz, lesd. sergens... avons mis hors de procès senz amende. Fait par nous, parties presentes. — 9 juin 1401. (Y 5223, fol. 9 v°.)

167. — En la presence de maistre Jehan Gourdin, ou nom et comme procureur de Olivier Boudin, escuier, d'une part, et Regnault Maloisel, sergent à cheval, d'autre, ordonné est, senz prejudice, que led. sergent, qui, pour et à la requeste dud. procureur oud. nom, estoit aléz contraindre et executer, par vertu d'un arrest de Parlement et de l'execucion d'icelui, mons[r] le baron d'Ivry, de la somme de v[m] fr. et de certains despens montans xxj l. xiij s., en quoy led. chevalier par led. arrest avoit esté condempné envers led. escuier, en quoy il disoit avoir vacqué xxxj jours, pour chascun desquelz il requeroit xvj s. par. par marché fait, mectra en main de justice lesd. xxj l. par lui requises desd. depens, et ce fait, le condempnons à faire sa relacion de son exploit, et ycelle bailler aud. procureur, lequel aussi nous condempnons en tel salaire comme il monstrera avoir desservi à avoir fait led. voiaige, et baillera par declaracion ses journées, etc., dedans samedi en viij^ne à taxer par Me S. Nicolas, que nous commectons à ce; et ce fait, led. Maloisel a mis en jugement et en mains de justice xxiiij fr. x s. — Mardi 8 août 1402. (Y 5224, fol. 86 v°.)

168. — De l'accort de Jehan Tiphaine, sergent à verge du Roy n. s. ou Chastellet de Paris, d'une part, et de Robert de Senlis, procureur de Jehan Sellier, d'autre part, nous deismes et disons que lad. office de sergenterie à verge qui prinse... a esté en la main du Roy..., à la requeste dud. Jehan le Sellier..., sera mise... en vente, criées et subhastations à l'audience du Chastellet de Paris par les xiiij^aine et en la maniere en tel cas acoustumée..... et les deniers qui de la vente vendront tournés et convertis... au prouffit de lad. execution... — 24 octobre 1414. (Reg. civils du Chât.)

169. — A la requeste de..., sergent à cheval et procureur de la communauté des sergens à cheval, nous avons fait deffenses aus sergens à verge de ceans à la personne de Colin de la Chapelle, sergent à verge et procureur de la communauté des sergens à verge, et aux personnes de plusieurs sergens à verge illec estans en grant nombre que ou prejudice des droiz et privilleges desd. sergens à cheval qu'ilz n'exploitent ne besongnent de leurs offices hors de la banlieue de Paris. — 8 août 1427. (Y 5228.)

Subrogation d'un créancier au créancier adjudicataire.

170. — Comme pieça à requeste de Robert le Chat, bourgoiz de Senliz, et de Jehan Baudescot, notaire de Chastellet..., eust esté faicte execucion sur feu Pierre de Rigaudin et sa femme et sur leurs biens, c'est assavoir sur une maison et plusieurs terres appartenans à icelle assise en la ville et ou terroir de Moucy le viéz, pour cause de certain deu en quoy estoient lesd. mariéz tenus ausd. Robert et Baudescot, et eust led. Robert lesd. heritages vendus à la requeste dud. Baudescot mis à enchiere et fust le darrien enchierisseur et aussi se feust led. Robert opposéz à la vendue et execucion faicte par led. Baudescot et à requeste dud. Baudescot led. Robert eust esté adjournéz ou Chastellet de Paris, où estoient faictes lesd. execucions, pour prenre le decret desd. heritages et mettre l'enchiere et pris de iceulx pardevers justice, et sus ce feust meuz plait... entre lesd. parties pardevant led. prevost pour cause de certains traictiéz... que maintenoit led. Robert avoir esté intervenues après lad. enchiere entre lui et led. Baudescot, et finablement eust esté par sentence dud. prevost led. Robert condempné à apporter et mettre en main de justice la somme et pris de lad. enchiere et à prenre et lever le decret de la vente desd. heritages en parfaisant l'execucion requise par led. Baudescot et es despens dud. Baudescot, aveques aucunes autres choses contenues en lad. sentence, dont led. Robert appella en la court de Parlement, lequel appel vint aus jours de Paris de ce present Parlement et depuis ayent lesd. parties obtenu lettres d'accorder sanz amende aus quelles la court a obtemperé, lesd. parties, se il plaist à la court sont à accort en la maniere qui s'ensuit; c'est assavoir que led. Baudescot enterra et entre ou lieu dud. Robert et pour lui prent le fait et la charge de lad. enchiere et d'icelle et de tout ce qui se en depent l'acquittera... et aussi demourra quitte led. Robert des despens, des arrerages et de toutes les demandes que faisoit contre lui led. Baudescot et povoit faire par vertu de lad. enchiere et sentence à lui donnée par led. prevost parmy 70 frans que paieront... aud. Baudescot led. Robert le Chat et Me Raoul Lorfevre, heritier de feu Jehanne Lorfevre, sa mere, jadis femme dud. Robert, qui nagaires et depuis led. procès conclut est alée de vie à trespassement, et parmy ce aussi que lesd. Robert et Me Raoul Lorfevre transportent aud. Baudescot la obligacion et deu que avoient led. Robert et sad. feue femme sur lesd. de Rigaudin et sa femme, dont à requeste dud. Robert execucion estoit faicte... pour soy aidier et valoir led. Baudescot, tant comme valoir lui pourra tant seulement afin de plus grant contribucion contre les autres opposans à lad. vendue lesd. lettres et obligacions demourans au seurplus de ce dont aidié ne se sereit led. Baudescot en leur vertu et plein effect en toutes autres choses au prouffit dud. Robert. — Accord homologué par le Parlement le 10 juin 1373. (X^1c 27.)

Successions.

Liquidation de succession.

171. — Ce jour, Geffroi Savouré, ou nom et comme aiant les bail, garde, gouvernement et administracion de Margot, sa fille, et fille de feu Amelot, jadis sa femme, ycelle fille heritiere de feu Marguerite, jadis femme de feu Gilet Dusec, et nostre amé maistre Jehan Soudant, examinateur, curateur donné aux biens vacans dud. feu Gilet, confesserent avoir eu et receu, et de fait receurent en jugement de Jehan de Courtecourt et Pierre Marquier, notaires, etc., les inventaires par eulx faiz des biens dud. feu Gilet et de lad. Marguerite, et d'iceulx se tindrent pour contens, c'est assavoir chacun d'eulz pour moitié, et en quiterent lesdiz notaires, ensemble de tous les biens, dont esdiz inventaires est faicte mencion, et des quelz ilz avoient eu la garde en faisant lesdiz inventaires. Et partant nous yceulx notaires deschargasmes de la garde desdiz biens. — 21 mars 1396 (n. s.). (Y 5220, fol. 161.)

Renonciation à succession.

172. — Mardi 18 juillet 1396.

Au jour d'ui de relevée, fu presente en jugement pardevant nous demoiselle Robinete Deste, vefve de feu Jehan de la Folie, jadis et nagueres en son vivant receveur de Paris, laquelle nous exposa que led. feu Jehan de la Folie son mari, en son vivant fu et estoit noble, et aussi estoit-elle, et que de raison, au moins par la coustume du Royaume notoire gardée et observée entre les nobles, il lui loisoit renoncer aux meubles, etc., afin de estre deschargiée des debtes par lui deues, et aussi de renoncer aux debtes par lui et elle deues, etc., et que elle ne savoit, obstant ce que tous les biens delaisséz du decèz dud. feu Jehan estoient en la main du Roy, et par ce ne savoit quand l'on feroit le service de sondit feu mary ne quant elle pourroit renoncer sur la fosse de lui, pour laquelle cause et mesmement pour soy pourveoir en ce, renonça en jugement pardevant nous aux meubles et debtes de sondit feu mari et de elle, comme faire lui loisoit par lad. coustume, et en signe de ce geta sa sainture, sa bourse et ses clefs sur le buffet de notre auditoire. — (Y 5220, fol. 264 v°.)

173. — Du consentement du procureur du Roy, à la requeste duquel tous les biens demouréz du decès de feu Lorence la Hericée avoient esté pris et mis en la main dud. seigneur, comme à lui appartenant, si comme il disoit, pour ce que lad. deffuncte estoit alée de vye à trespassement senz hoir de son corps, et apréz ce que led. procureur du Roy a esté adcertené et deuement informé par le testament de lad. deffuncte, ycelle deffuncte avoir disposé du residu de ses biens, yceulx estre donnéz et aumosnéz à la voulenté de ses executeurs pour le salut et remede de l'ame d'elle, nous, l'arrest et empeschement faiz, mis et apposéz, à la requeste et pour les causes que dessus, sur lesdiz biens, avons levéz et ostéz, levons et ostons par ces presentes au prouffit de lad. execucion,

Fait present Phelipot Duboys et Guillemete sa femme, executeurs du testament de ladicte deffuncte. — 1er août 1396. (Y 5220, fol. 273 v°.)

Succession mobilière.

174. — Ordené est, present Adam de Tournay, d'une part, et Guill. de la Mer et Guillaume de Tournay, executeurs du testament de feu Perrenele de Tournay, jadiz femme dud. Adam, que partaige et division seront faiz entre ycelles parties des biens meubles, debtes et conquestz, qui communs estoient entre led. Adam et lad. femme, aux jour et heure qu'elle ala de vye à trespassement, lesquelz led. Adam a juré... loyalment rapporter, declerer, nommer et enseignier et d'iceulx faire exhibicion aux notaires qui ont encommencé l'inventaire et que nous commettons à faire led. partage, et ce fait, que aud. Adam en sera baillée... la moitié en baillant de lui caucion de paier la moitié des debtes et l'autre moitié ausd. executeurs... — 30 juillet 1399. (Y 5222, fol. 74 v°.)

175. — Item, aprèz ce que yceulx executeurs ont affermé le testament de lad. deffuncte Jehanne, femme dud. Blant, estre acompli, nous, le residu des biens communs desd. mariéz avons ordonné estre delivré à Estiennote de la Place, mere d'icele defuncte, parmi ce que elle baillera bonne et seure caucion de garantir et desdomagier lesd. executeurs de toutes demandes, debtes et actions dont l'en leur pourroit faire demande... — 1399. (Y 5222, fol. 146.)

Surenchère.

176. — Au jour d'ui maistre Charles Culdoe, auquel nous avons au jour d'ui adjugé par decret la maison Guillaume Le Lavendier, située et assise en la Corderie à Paris, pour le pris et somme de ixxx liv. par., comme au plus offrant, a voulu et consenty en jugement pardevant nous que ou cas où dedans le sabmedi prouchain venant en huit jours, aucune personne solvable vendra devers nous ou nostre clerc encherir lad. maison, elle soit receue à ycelle enchiere, et lui soit le decret de lad. maison baillé et delivré, et par tant led. Lavendier, qui incontinent par avant ce consentement avoit appelé de ce que nous avions adjugé lad. maison pour si petit pris aud. Culdoe, se desista de sondit appel et n'y volt plus perseverer. — Jeudi 15 juin 1396. (Y 5220, fol. 231.)

177. — Au jour d'ui Guillaume Le Lavendier a consiné et mis en la main de nostre amé maistre J. de Tuilieres, examinateur, comme en main de justice xl liv. tournois, à ce que la main du Roy mise en et sur sa maison pieça criée, à la requeste de Pierre Dufour, et qui puis huit jours a esté adjugée par decret à maistre Charles Culdoe pour ix^xx liv. par., par si que, se dedans samedi prouchain venant aucun seurvenoit qui plus en voulsist donner, il y seroit receuz, feust levée, mesmes que lad. somme monte plus que le pris pour lequel elle a esté criée, et que les despens ne montent. — 19 juin 1396. (Y 5220, fol. 234 v°.)

Testaments.

178. — Aprez la requeste à nous faicte par mons^r Erart Troullart, chevalier, et Troullart de Lesignes, escuier, freres, enfans de feu mons^r Jehan Troullart, chevalier, disant que nagueres, c'est assavoir le jour d'ui matin, ledit mons^r Jehan, leur pere, estoit alé de vye à trespassement et paravant ycellui avoit fait ou fait fere et reddiger par escript son ordenance testamentaire ou derreniere voulenté, selon le contenu en certaine deux fueilles de papier acousus ensemble, qui, en leur presence et paravant le trespassement dudit deffunct, avoit esté clos et scelléz du scel et signet dudit deffunct, et en cest estat estoit aléz de vye à trespassement senz avoir ycellui revoqué ne fait ou passé aucun autre testament pardevant quelque personne publique ne autre dont ilz eussent aucune congnoissance; et pour ce que il esconvenoit mectre et porter en terre le corps dudict deffunct, et ne savoient la voulenté dudit deffunct ne comment il avoit ordené sa sepulture estre faicte, ne aussy ne savoient le contenu en sondit testament, synon par yceus deux fueillés de papier clos et seelléz, comme dit est; nous yceus avons fait ouvrir et desseeler en nostre presence par nostre amé maistre Nicolas Lanchelet, examinateur à ce commis de nous, et ce fait, pour ce que de prime face nous est apparu le contenu en yceus estre l'ordenance testamentaire dudit deffunct, nous avons ordené ycellui estre grossoyé et mis en fourme publique par la main de la court, et oultre, pour ce que par ycelle n'appert aucunement ycellui deffunct avoir disposé, nommé ne ordené aucuns ses executeurs pour sondit testament mectre à execution et que il a disposé et esleu sa sepulture estre faicte en la chappelle du chastel de Lesignes et estre menés ylec, en quelque lieu qu'il alast de vye à trespassement, et aussy lui avoir ordené certains deniers et autres mises estre donnéz et aumosnéz en le conduisant audit lieu, et que ledit deffunct n'avoit aucuns biens, synon tres peu es parties de par deça, et si esconvendra fere pour cause de ce plusieurs missions et despens, nous avons commis et proposéz pour ledit testament acomplir et mectre à execucion en partyes de par deça ledit maistre Nicolas, jusques à ce que autrement y soit pourveu, et avecques ledit maistre Nicolas Perrinet de Chapplaines, famillier et serviteur dudit deffunct en son vivant, lequel seul fera les mises et coustemens qu'il esconvendra fere en menant et conduisant le corps dudit deffunct audit lieu de Lesignes, sauf à lui à les recouvrer sur les biens de ladicte execucion, pourveu que il sera tenu d'en rendre compte, etc., lesquelz commis seront paiéz et satisfaiz de leurs saleres raisonnables. — 7 mars 1399 (n. s.). (Y 5221, fol. 129.)

179. — Consideré que Ph. le Masurier, comme executeur...... du testament dud. feu Estienne... contre lesquelz executeurs Bourdon, procureur des religieux, prieur et couvent de S. Martin des Champs... faisoit demande... à ce que yceulx executeurs feussent condamnéz à eulx monstrer et exhiber le testament dud. deffunt pour d'icelui estre extraite la clause ou clauses touchant iceulx religieux pour... eulx en aider contre qui il appartendra, n'ont sceu empeschier qu'ilz ne mettent led. testament pardevers la court à la fin dessus d. ce consideré à ycelui mettre devers nostre amé Fresne dedans viij[e]..., condamnons les dessusd. afin que d'icelui soit extraite ou extraites les clauses touchant lesd. religieux..... — 7 mars 1407 (n. s.). (Y 5226.)

Trésoriers de France.

180. — De l'acort de Pierre de Braban, fermier du halage dez draps vendus à Paris, et à sa requeste, nous la cause meüe et pendante pardevant nous entre led. fermier à cause de lad. ferme, d'une part, et Villemeneur, procureur, substitud de procureur dez marchans de Malines, cy-dessoubz nomméz, c'est assavoir Renier de La Court et les deux autres nomméz au bout de ce registre, d'autre, actendu que en ce l'on traicte et est question dez droiz dez ferme et demaine du Roy, avons renvoié pardevant noss[rs] les Tresoriers de France à d'ici en viij[e] pour proceder et aler, etc. — 11 février 1396 (n. s.). (Y 5220, fol. 120 v°.)

Tutelle.

181. — Lundi 19 juin 1396.

Au tesmoignage de Jehanne de Dicy, mere, Pierre des Essarts, cousin germain de par mere, Nicolas Alory, oncle de la mere à cause de sa femme, sire Françoys Chanteprime, cousin aprèz germain, maistre Pierre de Maignac, cousin germain de la mere à cause de sa femme, Mᵉ Nicolas de Voisines, cousin de par pere, Jehan Sangete, cousin après germain, nous avons donné tuteurs et curateurs à Jehannin Saugete, filz mineur d'aage de lad. mere et de feu Mᵉ Jehan de Dicy, jadiz conseiller du Roy, nostre sire, Guillaume Mauduit, à ce present, et Estienne de Montmachon, de Sens, abscent. Et ce fait, pour ce que led. Guillaume a recusé acepter le faiz et charge de lad. tuicion et faire le serement et solennité acoustuméz, nous avons commis Jehan Duboys Aurein, et Jehan Cholet, sergens à verge, pour estre en garnison en l'ostel dud. Mauduit, jusques à ce qu'il accepte lad. charge et fait ladicte sollennité; et quant aud. Estienne de Montmachon, nous avons commis la justice dud. lieu de Sens pour lui faire faire la solennité. — Lundi 19 juin 1396. (Y 5220, fol. 235 vº.)

182. — Au tesmoignage de..., nous à ycelui mineur avons donné... tuteurs et curateurs Henry Talemont et led. Gontier, lequel, aprèz aucunes excusacions par lui proposéez desqueles..... l'avons debouté, a dit que il ne se povoit chargier du fes de lad. tutele et pour ce lui avons defendu le partir et le avons condamné à ycelui faire et prendre le fes de lad. tuicion avec led. Talemon, lesquelz n'ont aucunement fait le serment et assez tost aprèz yceulx esleuz advisez ont fait le serment... — 1399. (Y 5222, fol. 114 vº.)

Université (Privilège d').

183. — Comme nous eussions à estre deliberéz au jour d'ui de faire droit aux parties cy dessoubz nommées, c'est assavoir au procureur du Roy nostre sire, et Robinet Le Caron, d'une part, et Andriet Cointenache, soy disant escolier, d'autre, sur ce que led. Cointenache disoit que, combien que par le previlege de ladicte Université il ne feust tenus de vuidier une maison assise à Paris oultre petit pont en alant vers le carrefour Saint-Severin, à laquele pend l'enseigne du Croissant, mesmement comme il eust ycelle louée de maistre Gerin de Grant-Champ, qui l'avoit louée de Jehan Boutelevre à qui elle estoit, et qui d'icelle estoit proprietaire, combien aussi que par renvoy fait de nous, le recteur de l'Université de Paris eust donné et prononcé sentence au proufit dud. Cointenache et contre led. Boutelievre qui vouloit faire vuidier ycelui Cointenache de sad. maison, en declarant que par le previlege de lad. Université led. Cointenache, qui estoit escolier, joiroit de son louage et demourroit en lad. maison par pris convenable, neantmoins depuis ce led. Robinet pretendant avoir depuis ce acheté lad. maison avoit fait faire commandement aud. escolier qu'il vuïdast ycelle maison, contre lequel commandement il s'estoit opposéz, au jour de laquelle opposicion led. Caron, pour soustenir sondit commandement, eust fourmé et fait son libelle en cas de saisine et de novelleté à l'encontre dud. escolier ou cas où il voudroit pervertir la possession dud. Caron en faisant sur ce ses conclusions pertinentes (ou particulieres?). Et pour toutes defenses led. escolier et aucuns deputéz de par lad. Université eussent requis lad. cause estre renvoyée par devant led. recteur, comme elle feust des dependances de la sentence dud. recteur et du louage de lad. maison, par quoy à lui en appartient la congnoissance, laquele chose led. procureur du Roy pour led. seigneur eust empeschiée, en disant que au Roy nostre sire, ses juges et officiers pour lui et non à autres appartenoit et appartient seulz et pour le tout la court et congnoissance de cas de novelleté, mesmement en cas de prevencion, or estoit-il ainsi que led. Caron intentoit et avoit intenté sond. libelle en cas de novelleté à l'encontre dud. escolier, et ainsi comme le Roy, ses gens et officiers feussent et soient en possession et saisine d'avoir la court et congnoissance desdiz cas de novelleté, audit Recteur ne povoit ne devoit appartenir la congnoissance de ceste cause, et ne lui en devions faire aucun renvoy, maiz en devions congnoistre, et ainsi le nous requeroit, savoir faisons que nous finablement, oy le propos desd. parties eu sur ycelui grant et meure deliberacion et sages, avons dit et disons que de lad. cause nous ne ferons aucun renvoy par devant led. recteur, maiz d'icelle congnoistrons pour le Roy et procederont les parties en ycelle, et sur lad. opposicion et ses dependances, comme de raison sera. Fait present led. Cointenache et le deputé de lad. Université, d'une part, et lesdiz procureur du Roy et Flobert, procureur dud. Caron, d'autre, par le lieutenant. — Mercredi 28 juin 1396. (Y 5220, fol. 242 v°.)

Nogent-le-Rotrou, imprimerie Daupeley-Gouverneur.

www.ingramcontent.com/pod-product-compliance
Ingram Content Group UK Ltd.
Pitfield, Milton Keynes, MK11 3LW, UK
UKHW020357230726
13925UKWH00003B/1162

9 782014 074673